新楽園
Nutopia

50 PUZZLES *of* SLASHIE

HOW TO BE A SLASHIE ANSWERS
TO THE BIG QUESTIONS YOU WANT TO KNOW MOST
FOR HAVING MULTIPLE CAREERS.

斜/槓/的 50道難題

你最想知道的成為斜槓青年關鍵提問
關鍵思考與實踐方法

安納金、愛瑞克、黃常德——著

推薦序——

三位成功的斜槓青年，最真誠的Q&A

洪雪珍 yes123求職網資深副總經理

在這個悶經濟，年輕人為低薪、低發展所困，我認為，斜槓青年將是一個可行性很高的解答。不只我這麼想，只要看《斜槓青年》這本書高踞暢銷書排行榜多時，就知道這已經是一本現象級的書籍，年輕人用鈔票投票，用具體的行動告訴全台灣的父母與企業，這是他們嚮往的人生。

但是問題來了，怎麼做？

這本《斜槓青年50道難題》從網路上搜集到大家最熱切想知道的答案，請到三位專家，不，應該是三位身體力行且實際有成的成功斜槓中年人，現身說法，將自己摸索多年的成功心法，不吝惜地一一傳授給更年輕的一代，薪火相傳，可以想見「斜槓青年」將會星星之火可以燎原，燒遍全台灣，而我樂觀其成。

斜槓青年，雖然說追求無邊界人生，核心不在於多重收入，也不在於多重職業，而在於多元人生，過自己想過的生活，但是對於一般上班族來說，第一步仍然會先從非核心著手，怎麼擁有多重職業、多重收入，拯救自己的低薪，為自己不確定的未來加上一層防護網。

因此，斜槓青年很重要的一項技能，是在這個知識經濟、體驗經濟的時代，將自己的知識與興趣經營成可長可久的事業，並且具有變現能力，最好是能夠因此離開組織，不再朝九晚五，百分之百掌握自己的人生。

比如有人會問，很想做斜槓青年，但是不知道該做什麼；有些know how，但是不確定是否有獨特性；自己只會做，但是不會賣，擔心萬一賣不出去；一般人沒有付費習慣，怎麼建立收費機制；台灣市場太小，是不是會做不大、賺不到錢；斜槓青年會不會收入不穩定，讓家人缺乏安全感……

這些問題，很久以來就在你的心裡盤旋不去，一直沒有讓人安心的解答，何妨來聽聽這三位專家怎麼說，我個人認為他們答得真誠、實際、到位。在追求斜槓人生的道路上，這本書會是你的重要指南，心生疑惑或遇到挫折時，可以反覆再讀，應可撥開迷霧，找到方向，也找到支持的力量。

優秀斜槓協作者簡介

MissAnita 御姊愛

暢銷書作家／A++ Club 精緻課程創辦人／商業採訪／節目與公關活動主持／企業講師

GQ 雜誌專欄作家。曾為商業周刊、壹週刊、皇冠雜誌、姊妹淘、TVBS 撰寫專欄。

著作：《單身生活，不是學會堅強就好》、《只是不想將就在一起》、《對的人》

FB 粉絲團： MissAnita 御姊愛

Mr. Market 市場先生

作家／部落客／講師／投資理財教練／團購主／網路行銷教練

二十三歲大學畢業時接觸到財商觀念，於三十歲時達成財務自由，是商業周刊、今周刊、Smart 智富月刊、CMoney 等專欄作家。

FB 粉絲團及社團： Mr.Market 市場先生、Mr. Market 投資理財讀書會、Mr.Market 一起學習網路行銷

部落格： Mr. Market 市場先生

江湖人稱 S 姐

獵頭公司／百萬人氣部落客操盤手／流浪三次的背包客／商周專欄作家

FB 粉絲團： 江湖人稱 S 姐

痞客邦部落格： 江湖人稱 S 姐

邱沁宜

財經主播／主持人／專欄作家／暢銷書作家／內容製作人／品牌顧問

著作：《投資越簡單越好賺》、《理財就像談戀愛》

FB 粉絲團： 邱沁宜

李柏鋒

財經部落客／INSIDE 科技媒體主編／商業周刊、Money 錢雜誌等專欄作者／Hahow 線上投資理財課程講師／台灣 ETF 投資學院創辦人／為自己寫·寫作班創辦人

部落格及 FB 粉絲團： 李柏鋒的擴大機

陳重銘

高職機械科老師／投資理財社指導老師／暢銷書作家

著作：《6年存到300張股票》、《每年多存300張股票》、《不敗教主存股心法活用版：教你存自己的300張股票》

部落格及FB粉絲團：不敗教主—陳重銘

張尤金

證券業上班族／棒球部落客／運動專欄作家／八字學會常務監事及特聘講師／

運動視界名人堂部落客／鏡週刊專欄作家／Yahoo奇摩運動特約作家／美國職棒雜誌外稿作者

FB粉絲團及社團：MLB Dugout、邁阿密馬林魚台灣應援團

部落格：Marlinsider 張尤金

https://www.sportsv.net/authors/eugeneychang

張嘉玲

社群經營專家／「加個零」營銷知識頻道創辦人

長期關注兩岸新媒體運營等領域知識推廣的自媒體，擁有豐富的新媒體營運相關經驗，創立的臉書社團《新媒體營銷深度分享會》是台灣最大關注兩岸新媒體營銷的社群，成員約近萬人，站穩台灣在中國新媒體營銷資訊的窗口地位。

YouTube 頻道：加個零

FB粉絲頁：加個零+0

FB社團：《新媒體營銷深度分享會》

黃一嘉

劇場與電視電影演員／節目與活動主持人／郵輪娛樂總監／廣告導演／出品人／節目製作人／專欄作家／大學表演藝術系教師

FB粉絲團：黃一嘉

曾任TMBA投資部長，台灣第一位國際郵輪娛樂主持人

闕又上

財務規劃師（CFP）／美國又上成長基金經理人／暢銷書作家／又上理財全食館餐飲創辦人／明日要更好基金會創辦人

著作：《華爾街操盤手給年輕人的15堂理財課》、《你沒學到的巴菲特：股神默默在做的事》、《每年10分鐘，讓你的薪水變活錢》

FB粉絲團：闕又上均衡的財富人生

微博：闕又上

目錄 CONTENTS

8 財務面的問題 171

9 所需資源與相關平台的問題 201

10 不知如何起步的問題 225

12 已經成為斜槓青年之後的問題 301

PART 1

工作大趨勢

1

CHAPTER

投資領域頂尖專家
安納金的產業觀察

當世界、各國政府都在急遽變動時，你怎麼做？

AI人工智慧＋機器人＋5G＋IoT萬物聯網時代來臨

從二〇一七年開始，各大報章媒體、出版書籍、市場專家們都在談論有關AI、Robot、5G、IoT的發展以及未來趨勢，因為目前這些技術的發展已經來到明顯突破，而未來廣泛被應用到商業、生產製造、服務業的領域，只是時間上或早或晚的問題，但一定會發生。也因為我們不知道何時這些科技會對我們的工作環境帶來顯著的影響，因此要儘速培養自己在未來不會被智慧機器人取代的能力／價值／產出，愈早開始培養自己在這些方面的能力，就愈有先占優勢（First-mover Advantage）。

另外一個重要的趨勢在於，無論是從區塊鏈的技術發展來看，或是從社會與商業的潮流演進來看，「去中心化」（Decentralized）的趨勢正在加速中；若想要安穩地待在一家公司從一而終，已經漸漸變得難償所願，因為就算公司願意給你承諾，但未來，世界會給你的公司承諾嗎？記住，沒有永遠的工作，但有永遠的能力。斜槓人生，就是一種強調個人的核心能力（無論你是擁有一種核心能力、還是多種），以及所能夠創造的核心價值的展現。只要擁有這些核心能力，就不怕沒有競爭力；只要能夠創造出這些核心價值，也就不怕沒有市場價值。

非洲有一句諺語：「要走得快，一個人走；要走得遠，你需要同伴一起走。」在未來的職涯裡，有人工智慧與大數據分析能力的機器人，逐漸被運用在我們的世界當中，你要贏，就更不能單打獨鬥。因此，面對未來未知的世界，我強烈建議你一定要保住屬於人類獨有的天賦與能力、深入的培養與發揮，並且擁有良好的人際關係。

如果你缺乏與人互動、缺乏朋友，因而長期逐漸流失屬於人類特有的能力，那麼你未來要在知識、技術、速度、力量、耐性等大多數的面向上和智慧機器人相比，都缺乏競爭力。而未來世界的贏家，就是那些能夠感動別人的人、具有機器人所缺乏的創意與巧思的人。

懷才不遇？廢材不遇？

有些人覺得有「懷才不遇」之感。這樣的想法，或許在古代我們值得給予同情，因為古代交通不發達、資訊流通速度緩慢，而人生不過數十載（古人因為醫療資源落後，因此平均壽命比我們現在人還要短），但是在網際網路和行動裝置互聯網這麼普及的現代，資訊流通速度非常快，而且四通八達幾乎沒有阻礙，會說自己「懷才不遇」，或許只是對自己能力的認知有所偏差吧，也說不定是「廢材不遇」的機率比較大一些。

我的一位姪子，現在小學四年級，說他有 YouTube 影片，問我要不要訂閱？令我非常訝異。因為我快四十歲的時候才開始有粉絲，而他年僅十歲。

基於我對於這些小學生不認真念書都在上網玩遊戲的擔憂，因此，我就試探性地問了他一句：「你們班上還有其他人在拍 YouTube 影片嗎？」

他回答：「全班同學都有自己拍影片。」

這麼誇張的回答，我真不敢置信，因此再追問：「為什麼全班同學都有？」

他說：「老師教的，這是我們學校的課程。」

這一刻，我啞口無言了。突然我覺得，前述那一段古代人和現代人的差別，活生生地在我和我姪子之間上演！

事實上，以現在的網際網路之發達、以及行動裝置的普及，每個人隨時隨地都可以將自己的創作或者資訊，發表在公開的網路平台上，全世界的人幾乎都能看到；反過來說，現在每個人透過網路與行動裝置，隨時隨地都可以搜尋到想要找的人事物，因此，如要說懷才不遇，絕對不是環境的問題，而是你沒有努力讓自己的才華和價值被看見。

本書的誕生，有一大部分的目的，就是要解決個人生涯發展上的種種難題，試圖提供成功者的經驗來幫助新手突破困難；另一部分的目的，則是透過跨領域頂尖專家們的智慧激盪，幫大家找出未來世界發展的可能趨勢，而提早準備因應。

各國政府和龍頭企業已經展開變革

以最近幾年，國內外大型企業競相投入大量資金與資源於人工智慧和機器人領域技術研發的現況來看，很快地，產業轉型以及職場變革，將因這些在全球具產業主導地位的大企業帶頭前進之下，加速對於整個社會影響的時程。

各國政府都深知，人工智慧和機器人未來被廣泛應用的趨勢潮流，必然會發生，因此已經陸續展開產業轉型的準備計畫，並且積極投入。台灣行政院已經於二〇一八年一月十八日宣布推動「台灣AI行動計畫」，預計從二〇一八年至二〇二一年，每年投入近新台幣一百億元預算來扶植與發展相關領域所需人才。

鴻海集團董事長郭台銘，則在二〇一八年二月二日對外宣告：未來五年，將投入新台幣一百億元在台灣及全世界成立AI人工智慧研究院、機器人研究院，增加上百位AI人才；自二〇一八年起的未來三年，將是集團走向大數據、人工智慧、工業互聯網的「工作年」，郭台銘同時也表示：「未來AI浪潮之下，傳統產業將會有巨大的改變！」

各國政府以及具產業領導地位的大企業，都快速而且大動作地往前帶頭行動了，為什麼你會認為自己，可以維持現狀都不動呢？台灣政府都跑在你前面了，為什麼你的效率會比政府還慢呢（我沒有要挖苦的意思，只是個體行動的速度應比總體行動的速度還要有效率，才是常態呀）？

你無法管理時間，只能管好自己

有些人會說，自己目前的工作已經夠忙、夠累了，哪有時間再發展斜槓啊？當然，也有些人是擔心自己時間管理能力不夠好，以至於除了顧好本業之外，不敢多想有關第二專長或多重角色的發展。然而，我很認同李笑來在《通往財富自由之路》書中的說法：「時間根本無法被任何人管理，我們應該是要管理好自己！」

當你有了這個正確的認知，於是你必須在能夠掌握自已的時候，多做一點、多累積一點實力，以確保在自己無法掌控情勢時，能夠繼續以穩定的步伐往前進。當多數人遇到挫折而自怨自艾（或者怨天尤人）時，我從來沒有停止前進，因為深知有水當思無水之苦，我總是預留了一部分，作為將來需要而先準備起來。

我的讀者都知道我是一個很有紀律的人。舉個例子，我在臉書（Facebook）上帶領著一個一萬多人的社團，叫做「讀書會：一個投機者的告白、投資最重要的事、原則、高手的養成」。每週六的早上六點多，會有新的文章、新的進度準時發表，而且從來沒有例外。這樣的紀律，從何而來呢？難道，我都不會遇到生病、有事、出國、睡過頭嗎？事實上，上述幾種不確定因素，真的全都發生過了，但是不影響讀書會的發表進度，因為我通常提早兩、三週就會把未來需要的進度先寫好了，只是用「排程」的方式，讓這些文章按照既定的時間自動發布（備註：臉書的貼文有「排程」的功能，讓你自由地設定，寫好的文章要在哪一天、幾點幾分發表出來）。

因為我知道世事難料，時間不是我能控制的，於是預先準備好，只是等待好的時機。這種事先準備好的習慣，除了能夠避免意外發生而導致失常之外，更重要的價值，在於當機會出現時，別人還在思考該如何去掌握時，你總是那個已經準備好的人。

除了面對各種不同的人事物，你總是可以比別人早先一步去把握之外，即便是面對自己，這種好習慣也有極大的好處：在順境時累積的強大正能量，就是在黑暗中支持自己繼續往前進的光，即便外在環境多麼地險惡嚴峻，自己內心就是天堂。

面對未來的科技進步、以及職涯發展的變革，沒人敢打包票說他看得一定準確，但我仍誠摯地建議你，事先去研究、去了解、去準備，讓自己站在趨勢潮流的最前端，這是確保無論世界如何改變，你總是擁有比別人更多選擇權的那個人。

願紀律、智慧與你我同在！

2
CHAPTER

全球頂尖企管顧問
黃常德的職場觀察

當大企業不再是就業的唯一保障，你是未來在等待的人才嗎？

知識經濟和自媒體的蓬勃發展，成為斜槓發展的基石

知識經濟在以往是個名詞，但在現在是動詞。過去大家擔心的是資訊氾濫，無法過濾出有用的資訊，因為光是去蒐集、理解、分析、連結和整理資訊，就已經耗費個人好幾個小時的時間，而現在大家擔心的是落後別人取得有用知識，喪失取得市場先機的優勢。

這幾年，從事知識變現服務的專家愈來愈多，也各自培養了死忠的鐵粉，例如：「囧星人說書」、羅振宇的「羅輯思維」和李笑來的「得到」專欄等等。如果說人脈是個人知識的延伸，那麼知識變現的平台就是讓你擁有全方位的知識來源。

另外，各種自媒體平台的發達，也讓個人從資訊的接收方，變成傳播方。透過個人品牌的建立和經營鐵粉，顛覆傳統的傳播平台（出版社、媒體通路和大型入口網站等等），個人取得了資訊傳播的主導權，這是一個人人都是自媒體的時代，接收知識的同時，也創造知識。

在知識經濟和自媒體的風潮下，對有志於從事斜槓的各年齡層人士來說，等於是鋪上一條康莊大道，如果再加上各類的眾籌平台和跨領域交流平台，我們幾乎可以說，創業最重要的三件事，創意、資金和人脈，在現在這個時代都更容易取得，普通人創業的門檻因此降低，這也正是為何斜槓思維的風潮，正席捲世界各個角落的原因。

限制，可以成就更好的你

許多人擔心台灣市場過小，發展斜槓的空間有限；事實上，台灣市場雖然小，但卻是一個多元發展的地方，在音樂和文創等產業具有強大優勢，另外，創新能力強和嘗試新事物意願高，是台灣市場一個普遍被認同的特質。

本人在國外工作的經驗，國外大市場中各城市的差距也相當大，如何精準定位適合你發揮的小眾市場，反而是最重要的。如今，新科技和社群媒體的發達，小眾市場更容易精準地定位，也更容易擴散到更大的市場，而不受客觀環境限制，持續耕耘個人獨特能力，盡力揮灑才華和興趣，發展多元人生，也是大部分斜槓成功者的特質。

最成功的斜槓典範之一，是《哈利波特》暢銷系列的創作者J．K．羅琳。她原本不僅失業、失婚，還是個貧窮的單親媽媽，但卻不放棄，持續發展個人寫作天分，不斷創造機會讓才華被看見，終於讓《哈利波特》系列作品席捲全世界。她提到，「限制」表面看來像是障礙，但如果你正確地利用它，「限制」其實可以激發你讓人驚艷的無限可能。

在新科技浪潮下，你是乘浪而起或是滅頂？

隨著處理器運算能力和網路速度，日益增強，各種新科技的應用更成熟，例如，人工智慧、機器人、物聯網和區塊鏈等；也隨著各類新經濟潮流的蓬勃發展，例如，共享經濟、新零售經濟和知識變現經濟等，未來職場工作型態，將朝更多元化發展，但同時，變化速度也更快。

因此，我們可以預見，未來會減少或降低重要性的工作，將是高度重複性、低含量知識和低附加價值的工作；而具有創新思維、可以適應變化、跨領域發展和高附加價值等特質的人，將取得優勢，而這些特質，正是斜槓思維最核心的部分。

在新科技和新經濟潮流下，建立個人品牌，將更勝於倚賴公司的品牌，大公司不再是就業的唯一保障，而個人也更有能力在跳脫企業的保護傘下，實現自我夢想。納西姆·尼可拉斯·塔雷伯（Nassim Nicholas Taleb）是一位國際知名的風險研究學者，在其著作《反脆弱：從不確定性中獲益》（*Antifragile: Things That Gain from Disorder*，編按：繁體中文版書名《反脆弱：脆弱的反義詞不是堅強，是反脆弱》）中，提出反脆弱（Antifragile）的觀念，提出任何看似穩固的行業，例如像公務員，雖然大部分時間看似穩固，但當環境發生結構性改變，因此失去工作時，反而是最高風險的一群人。

因此，即使你現在身處在安穩的工作環境中，也從事高科技相關的工作，正站在浪頭的前端，但不要忘記，你現在的能力和知識的保鮮期還夠用多久，當下一個趨勢浪潮再起時，你是否仍屹立不搖。持續保持多元的職場發展能力和創新能力，才是你職涯發展最好的規劃。

發揮天賦，創造屬於自己的人生舞台

最近常聽到一句話，「在ＡＩ人工智慧的年代，我們要如何活得更像人。」自動化取代重複性工作，ＡＩ甚至取代部分知識性工作。機器人不會有情感，只有紀律；擁有無限的創造力，對生命永遠感到熱情和喜悅，是上帝賦予人類的天賦，如果我們不要用工作的思維，而是站在發展多元人生的制高點來看，斜槓思維，的確是一個讓人可以活得更精彩的方式。

事實上，斜槓風潮並非帶來焦慮，而是讓人更可以靜下心來，檢視你的核心能力或人生興趣，可以有哪些發展空間，創造一個多元人生。在每個人都是自媒體的時代，你可以是導演或編劇，也同時可以是主角，你可以搭起自己的舞台，把焦點放在自己身上，只要你演得精彩讓人感動，你的觀眾可以來自世界任何角落。

另外，個人行銷時代來臨，如何善用新科技和知識，把個人的能力發揮到極致，探索未曾被開發的潛能，讓你了解你比自己想像得更好。就如同在淘金熱的年代，最賺錢的是賣淘金工具的人；在知識就是金錢的時代，最有發展的人才，就是具有斜槓思維的人。擁有斜槓思維的人才，提供社會更多元的服務，並帶來創新價值。斜槓思維讓自己成長，也取得未來職涯發展的優勢和先機，更不受經濟環境的變化。

本人從顧問公司出身，善用最佳典範（best practice），幫助客戶增強市場競爭力，取得市場先機，同樣地，也希望藉由這本書，匯集三位作者和各領域斜槓達人的豐富經驗，幫助即將成為斜槓的你，快速具備斜槓思維，減少準備和嘗試時間，早日實現夢想的斜槓人生！

3

CHAPTER

年輕人的職涯發展顧問
愛瑞克的職涯發展觀察

各種產業變革將衝擊我們的生活，你確定未來的路一定是平坦的嗎？

你確定你目前的路未來還是平坦的？

十年前，台灣軍公教人員不會料想到一八％的退休金政策，如今已經失去大半承諾與保障；二〇一一年，國道採用 eTag 系統之後沒幾年，高速公路收費員這種工作已經完全消失，這也意味著，未來超市收銀員／百貨公司收銀員／銀行櫃台職務被淘汰的可能性（功能仍在，只是不需要由人處理），目前，國內外無人超市／無人銀行的趨勢已經持續發展中。從以上例子可知，各種產業變革，早晚都將衝擊人們生活，只是許多人還不確定，自己何時會被影響罷了。

多職人生是未來商業社會潮流，你必須現在就開始培養你的第二或第三專長（這些專長，如果也是你的興趣，那就更好了）成為你的第二、第三條路，而且這些將是平行之路，不再是過去「只能選一條最適合你的路」。

多重職業和多重收入，並不是斜槓的重點

許多人將「斜槓青年」直覺地想成「多職」或「兼職」、「多重收入」，以至於心裡有所不安，包括讓現職的老闆或同事講閒話的擔憂。我認為你應該將焦點放在「多重才能」與「多重價值」上。這些才能通常是你的興趣、嗜好，因為過去長期投入不少時間，因而具有做得比其他人好的優勢；透過這些才能所創造出的價值，也並非一定要變現為收入。

例如，你很會彈奏某一種樂器，可以教親友彈奏，但是不一定要收費。當你具備了這些才能，能夠創造出價值，你就有自主決定的能力來讓你生活中增添色彩、提升樂趣，或者成為另一個收入的來源。有了這樣的認知，許多原本不必要的顧慮或者畫地自限，也就自然消除了。

我的氣功老師，是國泰投信董事長張錫先生，他同時也是目前中華民國投信投顧公會理事長。儘管身兼多重角色，然而，這些不同角色顯然不會對他本業的發展有負面影響，反而更加分，因為在他的圈子裡多了話題可以聊，任何一個角色也對另外兩種角色有助益。

我的瑜珈老師，白天是金融圈內的從業人員，因為興趣，所以晚上或假日也當瑜珈老師；我的住處不定期會在週一至週五晚上，請打掃的阿姨來家裡清掃與整理，她白天也有正職；我有一位最要好的朋友，他同時在台中榮總和嘉義榮總兩地擔任醫師，目前因為興趣在進修法律研究所，他的嗜好是繪畫，所以也是個漫畫家，同時也有LINE貼圖的作品；我的鄰居是書店的老闆同時也是運動教練……這些多重角色都不會影響本業，反而從業餘的角色上滿足了生活的樂趣，也打破了本業上自我設限的藩籬，拓展了工作與人生發展性，因此走得更穩更久。

每個人都值得過著更豐富而有趣的人生

因為工作的緣故，我常常會出席參加一些投資論壇或者圈內相關的聚會。我記得以前有一位資深的前輩跟我說過，如果你有機會跟成功人士一起同桌用餐，無論他是哪一個領域的成功者，最好的話題是談對方真正感興趣的事情，而不是工作相關的。例如，最近在看哪些球賽？或者最近有參加什麼有趣的活動或旅遊？他們就會樂於開啟話題，與你大聊他們感興趣的事情，整晚都講不完。而閒談的過程當中，若真交集到共通話題、都很熱情投入的領域，那麼肯定會互相留下聯絡方式，以後也會有再次碰面交流的機會。

相反地，如果在餐桌上是請教對方本業上的問題，如此專業的議題缺乏新鮮感，可能聽到是一個制式的回答，就彷彿像是錄音機已經重播上百次之後還是要續播一樣的內容，誰能夠感到興奮呢？對方如果沒有找機會優雅地擺脫如此枯燥的話題，想當然耳，晚上回到家跟另一半聊起這次的晚宴，恐怕會以「又是另一次無聊的晚宴」來形容了吧。

當今的社會愈來愈競爭，太多人已經花了許多時間在工作上，而漸漸地失去生活的平衡，如果你能夠善用與人互動的機會，去談論工作以外的興趣，那麼你就很容易找到知音，甚至結交到新的好友與同好。因為每個人內心都期待著更均衡而多采多姿的人生，原本單一領域的事物普遍都已經過度投入了，反而「興趣」相關的議題很容易就可以吸引到別人。

這是我觀察出許多不同領域的成功者，他們普遍具備的共同特質：除了本業之外，也對其他事物懷有濃厚的興趣和熱情。對於有志嘗試斜槓生涯的人，不妨多加善用興趣，作為斜槓發展的開端，往往會有事半功倍的效果。

熱情，往往是事業飛黃騰達的加速器

有時候，興趣並不僅僅是填補生活空缺所需要的元素之一，甚至可能是幫助你在職場上發光發熱的關鍵因素。我高中時期最要好的朋友，一直到現在都和我保持密切聯絡，至今已二十六年了。他在二〇一一年曾經擔任當時台灣「股王」宏達電的研發工程師，後來被延攬到英特爾（Intel）台灣分公司，之後又自行研發出一款非常具有創新性的產品，因而創業並且籌資成功，目前是一家公司的老闆。

回到二十六年前，我高中剛認識他的時候，沒有想到他後來會創立公司當老闆，因為我總覺得他沒什麼在念書，都在玩，但是我很強烈感受到，他對於藝術與創作領域非常地熱情。我記得在我們高三那一年，當所有同學們為了月考、模擬考、大學聯考等諸多考試的壓力而忙得焦頭爛額時，製作畢業紀念冊——這需耗費幾個月時間編輯的差事，同學避之唯恐不及，但他一口答應接下，精神可嘉。

幾個月之後，畢業紀念冊作品完成，當學校把成品交到所有高三同學手中時，呈現在大家眼前的本班頁面，是我們從來沒見過、甚至沒想像過的，將創意與巧思發揮得淋漓盡致，真的令我和班上其他同學大開眼界。而二十多年之後，他就以自行設計的科技產品，創立了一家公司立足於市場當中，若仔細回想，這二十六年來，他對於創作與設計的熱情，從來沒有消減過，其實這已經奠定了他成為這行業頂尖人士的關鍵因素。

熱情，是騙不了人的。如果他在募資的時候，投資者若無法感受到他滿腔的熱血，是不太可能會願意擔任初始投資者的，因為這種新創事業的初始投資，往往需要三、五年，甚至更久才能夠回收，期間幾乎毫無流動性可言；當他在成立新公司、召募工作夥伴的時候，如果自己本身沒有二〇〇%的熱情投入，要如何吸引別人一〇〇%的來投入呢？

往往新創公司因為規模很小，薪資待遇通常不高，未來發展也因為不確定性太高，難有保障，想要吸引優秀人才和你一起奮鬥，最好的成功要素，就是無人匹敵的熱情。這也是我給斜槓青年們最好的建議起點：朝著你最具熱情的領域去發展，基本上你就先贏在起跑點了！

學習與自我成長，是剛性需求

將來我老的時候，若要拿出人生當中最感到驕傲的事情來跟子孫們說嘴的話，其中有一件我最想說的，是在二〇〇一年當時我研究所升碩二的暑假，和幾個好友聯手創立了TMBA這個社團。為什麼這值得驕傲呢？因為我們把一群不合群的人跨界團結起來了（抱歉，姑且讓我用誇飾法「不合群」來形容這個困難度，實際上應該說「不是服從性最高的一群人」）。

當時TMBA只從兩個所招募成員：台大商研所、台大財金所，而要進去這兩個研究所就讀，可說是窄門中的窄門，幾乎都是來自各校的佼佼者來申請甄試入學，若透過考試入學的錄取率也幾乎是最低的。由於這些頂尖MBA學生天資聰穎、每個人都很有想法，所以要他們聽從別人並不是一件很容易的事情，因此，我用「專長互補、擴大能力範圍」的構想，來說服兩所的同學，透過相互學習、相互交流，一起學習實務方面的知識、培養能力。顯然，這個訴求非常有效。

這個社團至今已經十七年了，仍不斷持續在壯大，目前每年招收新生約一百五十名至兩百名，橫跨國內約二十個不同校所，成為了全台灣少數跨校的大型社團之一。這麼多不同背景的優秀人才，為什麼會被同一個社團吸引呢？因為TMBA掌握到了人們的「剛需」

（剛性需求，是不管怎樣就是一定要的必需品）：對於學習新知以及自我成長的渴望，就是一種大家共同的需要。

斜槓的成功祕訣，對內尋找熱情對外尋找剛需

由於過去十七年來，從加入TMBA到畢業離開學校進入職場的學弟妹，累計已經有多達兩千人，而這些職場生力軍，往往都需要在業界的學長姐知識經驗的交流與傳承，也因此，身為第一屆的共同創辦人，我自然成為了這些年輕人職涯發展的免費顧問，這就是我最重要的斜槓角色。也因為這十多年來的職涯顧問經驗，讓我清楚了解年輕人面對未來的種種問題，進而催生了這一本書。

總結我給年輕人的職涯發展最重要建議：對內要找到自己最具熱情的領域，對外則是要找到人們生活中的剛性需求，因為無論世界如何改變，人們的剛性需求是不太會變的，當你掌握到了一種剛需而且有能力滿足它，你就等於掌握到了一塊吃不完的大餅；如果你掌握到了兩種以上的剛需，而且能夠跨界融合，那麼你可能會創造出兩輩子也吃不完的大餅！

PART

2

斜槓的50道難題解析

4
CHAPTER

個人能力的問題

如果你缺乏動機，那麼給你再多的方法或工具都沒有用。我們必須先解決你不知為何要動的問題，等你確認必須前進並且願意做某些改變之後，我們才能教你如何最佳的改變方向，以及有效率地到達目的地。

難題 01

缺乏企圖心，只想輕鬆度日維持現狀，不行嗎？

不要只是貪圖短期的安全感而不願意跨出舒適圈，而導致最後要面對人生下半場「不滿意卻只能接受」、無法重來的風險。

你想維持現狀已經是不可能的

「缺乏企圖心、想維持現狀」以及「要如何勇敢踏出舒適圈」，是網友票選出來的難題最高票前幾名。這兩道難題之間的差別，在於前者是連動也不想動，也就是說不知為何要動（why to move on?），而後者是想動但是不知如何動（how to move on?）。

如果你缺乏動機，那麼給你再多的方法或工具都沒有用。我們必須先解決你不知為何要動的問題，等你確認必須前進並且願意做某些改變之後，我們才能教你如何最佳的改變方向，以及有效率地到達目的地。這一篇，是要明確地讓你清楚了解到，想要維持現狀已經是不可能的了，你一定要往前、往上改變自己！

首先，你一定要認清一個再簡單不過，而你卻無法抗拒的道理：「人無近憂，必有遠慮。」也可以說：「人無遠慮，必有近憂。」這是兩千多年前孔子的智慧，無論套用在國內外所有人們的工作或生活上，至今一直不斷被驗證是個至理名言。在本書的前三章，三位作者都已經分別從不同的角度剖析了現在世界發展的趨勢，請注意，不是「未來發展趨勢」，而是現在進行式。全球的科技與職場生態正在快速變革當中，你想維持不變已經是不可能的。

面對人生下半場不滿意卻無法重來的風險

我必須很誠實地說，你目前的安逸很可能將造成未來的不安甚至痛苦，眼前無法保證

陳重銘
這樣說

以往公教人員的工作穩定，收入與退休金都不錯。但是大環境改變了，公教人員的一八％被取消，退休金所得替代率也從九〇％被砍到六〇％，如何還能維持現狀？退休金不夠，公務員又不得兼差，錢要從哪裡來？唯有認真學習投資理財，幫自己存下另一桶金。

未來，後者才是確定的。在財務界，有一個普遍存在的重大風險，就是多數保守型投資人因為不願意承擔投資風險，而將資金長期放在低於通膨水準的銀行定存，導致實質購買力下降，或者到了年老時存不到足夠安穩退休所需的總資產水準，或者退休之後才發覺資產不夠用的「長壽風險」（longevity risk，也就是錢花完了，人卻還沒死，怎麼辦？），這些都是人生財務準備不足的風險。

在職場上，也同樣普遍存在著一個重大的風險，和前一段所描述的財務風險來對比，你會發現是多麼驚人的雷同：多數保守型上班族因為不願意承擔自我改變的風險，而將自己長期放在低於自己該有的薪資水準的位子上，導致長期財富累積不足，反而要面對將來無法保障自己人生下半場或者家庭財務不足的風險。

因此，不要只是貪圖短期的安全感而不願意跨出舒適圈，而導致最後要面對人生下半場「不滿意卻只能接受」、無法重來的風險。如果政府和產業頭龍企業都已經帶頭展開了產業變革，只要你未來十年還會繼續留在職場上，那麼，這些改變一定會影響到你的職涯發展；如果你未來可能還有超過十年、二十年以上的時間會在職場當中，那麼你就要趕快醒一醒，安逸和維持現狀是不可能的，你必須盡快往前移動。愈晚清醒，你的相對競爭力持續下降，就愈難追趕或彌補！

個人能力必須跟隨年齡增長

除了外部環境的變革之外，還有另一個你一定要知道的事實。職場上絕大多數的雇主在聘僱新員工時，評判是否要錄取一個面試者，以及該用何種薪資待遇水準來錄用一個人，有兩大普遍採用的基本原則：

原則1 以你的年紀或年資，來比對你現有的能力

如果從你的工作經歷和能力的證明，以及面試對談過程當中的觀察，雇主或人資主管發現你目前的能力並無法跟上你年紀或年資的增長，那麼，你可能就會被視為工作能力不佳甚至學習能力不佳的一個人，或者簡單地說，就是競爭力不夠的一個人，是很難被錄用的。

在〔圖1-1〕（參見P48）當中，橫軸表示一個人的年齡，而縱軸則是他在職場上所展現的能力。用人經驗豐富的雇主或人資主管，大致上對於每一個職缺，合理且應該呈現出來的多數人平均能力水準，心中會有一個基本的認知，類似圖中的S型曲線。雇主只會考慮錄用在S型曲線上方的候選人（A、B、D、E），而完全不會考慮僱用C或F。因此，你一定要在時間不斷流逝而年齡持續增加的過程中，避免讓自己落入S型曲線的下方。例如

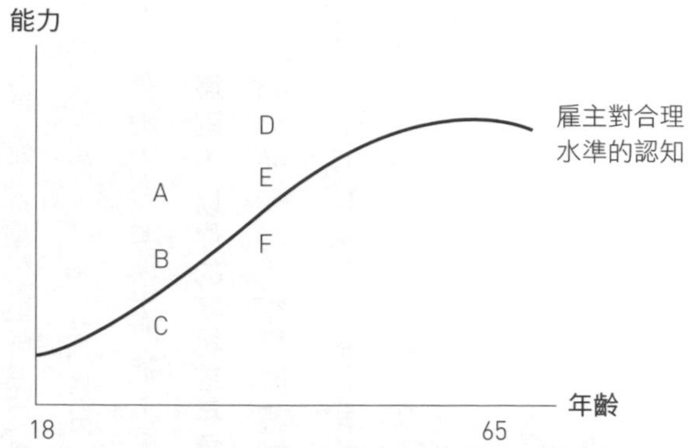

〔圖 1-1〕 **個人年齡與能力的 S 型曲線**

F，儘管能力比B和C還要好，但並不會被錄用。

原則 2 以你的能力，來比照給予對應的薪酬待遇

台灣的就業市場算是相對有效率的，因為求職管道非常多元，而且拜網際網路與社群媒體普及之賜，資訊流通速度快，因此每一個職缺公開釋出之後，總是很容易有數十個甚至數百個人投履歷來應徵這一份職務。加上很多家人力仲介公司或企管顧問公司的協助統計調查，促進了薪資的透明度，這使得每一份職務所對應的合理薪資待遇水準，都容易相匹配。也就是說，雇主所給予你在一份職務上的薪資待遇，通常和你在這一份職務上所具備的能力水準不會差很多。

重新看一次〔圖1-1〕，我們可以說，雇主願意給付的薪資待遇，通常等於每個人所落在的縱軸位置上；相對壓榨勞工的雇主，或者一家不賺錢的公

司，會給的薪資待遇則是略低於對應的水準，直到不得不調薪為止，而調薪也僅是反映到合理水準。至於會錄用A／B／D／E當中的哪一位？這倒要看雇主對於錄用者的能力與薪資成本之間的取捨。

D是資歷與能力都最好的，但也最貴，公司未必付得起這麼高的薪資待遇來請這麼一個人。如果該職缺對於「年資」的要求並沒有很高的話，有些雇主是會考慮錄用A，因為年輕而且在同儕當中能力突出、未來發展空間很大。

當然，還有能力以外的考量，例如人格特質、以及對於組織文化的契合度。倘若A或D的人格特質並沒有受到雇主的欣賞，或者評估可能較難融入這一家企業文化，那麼雇主也可能會改用B或E。這也意味著，除了能力以外，具備人見人愛的特質以及高EQ，是在職場上脫穎而出的另一關鍵。

愈晚行動，就愈沒有選擇的權利

最後給你一個忠告：假設你是〔圖1-1〕當中的B，你展現出優於市場平均水準的能力，一旦你安於現狀，隨著時間經過而年齡增加，能力卻維持在原本水準，幾年之後，你就會落在F的下方，一個沒有雇主會考慮你的位置。你若問我說「是不是維持現狀就好」，你自己說說看，這結果怎麼會好？

如果你因為習慣於安逸，一直待在舒適圈中太久了以至於能力並沒有跟著年齡或年資同步提升的話，停留愈久，你的下一份工作就會愈難找。現在已經沒有雇主會願意依照你的年齡或年資來決定給予你多少薪水，而是根據你的能力可以在這個職務上創造出多少價值、能夠為公司解決多少問題，來決定你的薪資待遇。你要記住，「沒有永遠的工作，只有永遠的能力！」

高手的提醒

可以搭配本書第四章的第二個問題：「怕失敗不太敢冒險，要如何勇敢踏出舒適圈？」一起閱讀，積極地踏出自己的舒適圈、往前邁進吧。就算不為了自已，也要為了家人！

難題 02

怕失敗不太敢冒險，要如何勇敢踏出舒適圈？

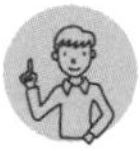

如果你的職位是低技術門檻，或容易被人工智慧、機器人及大數據分析所取代，最好盡快讓自己轉型或提升，因為將來面臨的是適者生存、不適者淘汰的新職場。

適者生存，不適者淘汰的新職場

「要如何勇敢踏出舒適圈」是網友票選出來的難題第一高票，這代表許多人都是心裡有想過要自我突破，但是遲遲沒有行動。根據我對於多數有這樣問題的朋友，進一步探詢原因與實際想法之後的了解，可以歸納出不外乎這兩大類原因：「動機不夠強烈」（也就是誘因不夠大到讓自己願意犧牲眼前的安定），以及「不知道從何開始？」

當你勇敢踏出，有可能挑戰成功，使生活從九十分轉變為一百分；當然也有可能不如預期，但一路上所學到的，已足夠成長為七十分。敢於改變現狀，敢於承擔自己的選擇，就是踏上自我實現的第一步。因為人生真正困難的，不是不變，而是面對改變。

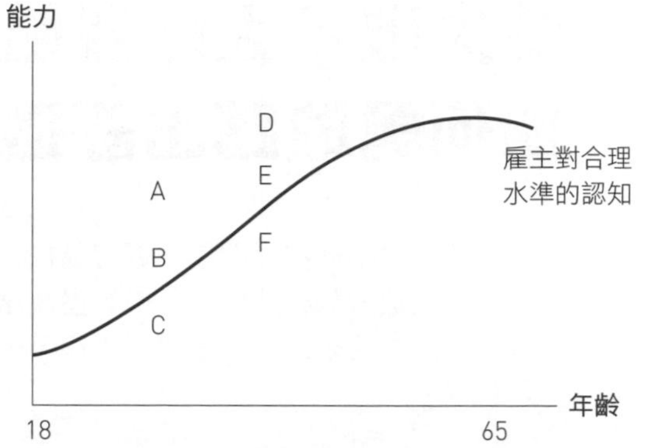

〔圖 1-1〕 **個人年齡與能力的 S 型曲線**

在本書的第十章「不知如何起步的問題」有專章討論從何開始的議題，所以，在此僅針對「動機不夠強烈」這個問題來尋求解決與突破之道。

首先，讓我們再次檢視〔圖1-1〕個人年齡與能力的S型曲線，圖中的S型曲線是雇主對於「合理水準」的認知，也就是一般平均而言，在職場上所觀察到的水準，然而，每個人的差異很大。

我在職場上曾經僱用過超過五十個人（包括正職、約聘或實習生在內），而曾經面談超過兩百個人、看過一千封以上的履歷。這些豐富的第一線面談經驗，讓我可以把職場上所看到的人們能力，大致歸類為以下甲乙丙三種情形：

甲：表現相對穩定但趨於平庸，他們的能力曲線如〔圖2-1〕。相對於〔圖1-1〕的平均水準而

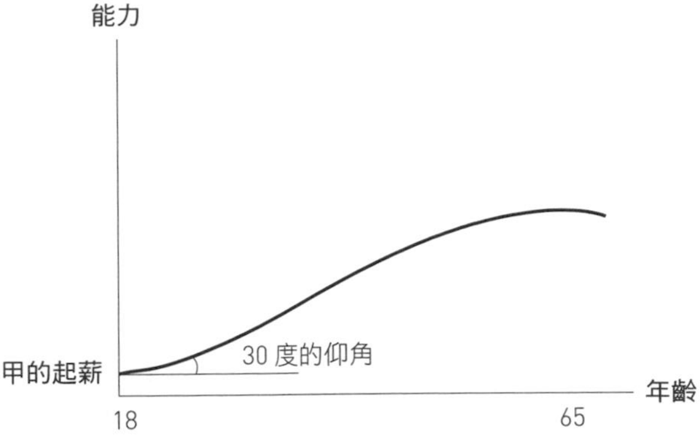

〔圖 2-1〕 **穩定但相對平庸的能力 S 型曲線**

言，若平均水準是能力隨著年齡以四十五度的仰角上升，那麼甲類型的員工能力隨著年齡僅約以三十度的仰角上升（提醒：這僅是一種示意圖，實際上，甲類型呈現的是較平均水準更平緩的成長曲線，至於平緩多少，則差距可大可小，未必是三十度與四十五度角之間的差異）。

甲類型員工的特性除了隨著時間（也就是年資的增長），能力增長幅度相對較小之外，他們的起薪相對不高，而到職涯末期的最高薪資水準也低於整體市場平均。然而，這普遍出現在較低技術門檻的勞工階層，隨著工業自動化的普及之後，這類型員工的職缺逐漸在遞減。

「工業自動化」通常被視為「工業三．〇」，而目前全世界製造業已逐步進入到「工業四．〇」的時代，也就是大量運用自動化機器人、感測器

MissAnita 御姊愛這樣說

大多數的人總是高估了現狀的分數，事實上踏出舒適圈是一種Nothing to lose的概念，如果你已經不滿現狀，覺得當下的職位、工作內容是雞肋，已經無法讓你再成長，那麼這樣的現狀根本未滿六十分。

當你勇敢踏出，有可能挑戰成功，使生活成為九十到一百分；當然也有可能不如預期，但一路上所學到的，已足夠成為七十分，敢於改變現狀，敢於承擔自己的選擇，就是踏上自我實現的第一步。因為人生真正困難的，不是不變，而是面對改變。

物聯網、供應鏈互聯網、銷售及生產大數據分析，以人機協作方式提升全製造價值鏈之生產力及品質；德國是在二〇一〇年七月提出工業四．〇的施政目標，至今已經八年。這也意味著，「低技術門檻」人員需求在製造業逐漸消失，取而代之的，是具備一定的知識水準以及能夠跟這些智慧自動化設備協作的人員，而且必須學習能力好、反應快，才能夠在這些設備複雜而且不斷升級的智慧工廠當中生存。

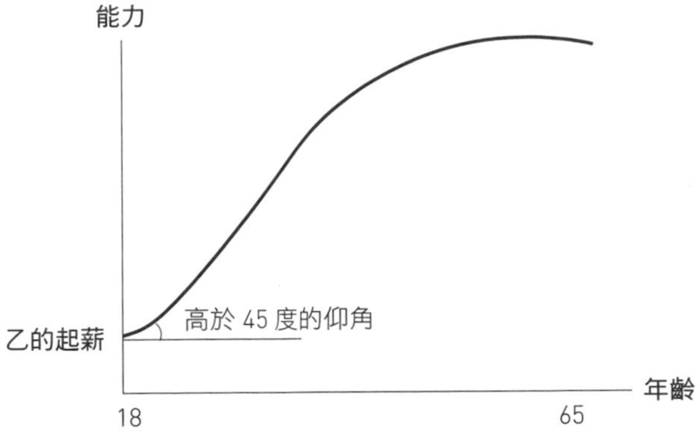

〔圖 2-2〕 學習能力強而成長速度快的 S 型曲線

當然，並非僅有製造業面臨這個生存與淘汰賽，服務業當中，若屬於低技術門檻，或者容易被人工智慧及機器人、大數據分析所取代的職務，例如櫃檯收銀員、服務台諮詢員、翻譯及口譯人員、律師及會計師助理、電話行銷人員、銀行授信及換匯人員、保險核保人員、市調人員、行政文書人員等等，都可能是消失速度最快的職缺。如果你處於這些職位上，最好儘快讓自己轉型或提升，成為後面所述的不同員工類型。

如何快速自我成長？

乙：學習能力強而成長速度快的人，他們的能力曲線如〔圖 2-2〕。相對於〔圖 1-1〕的平均水準而言，若平均水準是能力隨著年齡以四十五度的仰角上升，那麼，乙類型的員工能力隨著年齡增長，可能以五十度至六十度以上的仰角上升。

乙類型員工的特性除了隨著時間（也就是年資的增長），能力增長幅度相對較高之外，他們的起薪也相對較高，到了離開職場前的最高薪資水準也高於整體市場平均。這樣的人員往往出現在與人互動頻繁、競爭激烈的商業界，尤其是業務或行銷人員、金融投資管理或分析人員，但也可能出現在製造業的管理人員，無論是負責開設新廠或負責管理現有營運。

這類型員工都有幾個普遍的共通點：樂於（或者不排斥於）與人溝通互動、大量的閱讀、自主性的學習。因為唯有大量的與人溝通或互動，才會增加回饋與自我檢討機會，愈多的碰撞，就會產生愈多的琢磨機會。大量的閱讀，會增加思考與拓展新知的機會，知識多了、眼界廣了，那麼對於未來世界的改變，也就比較能夠處之泰然、甚至提早準備與應對。自主性的學習，包括了報名訓練課程、學習外語、培養第二專長、或者多向他人請益等等，能夠主動這麼做的人，往往就是自我成長速度最快的人，因為他們內生的成長動力就會驅策他們不斷前進、向上，不假外力。

如果你對於「要如何勇敢踏出舒適圈」感到困惑，那麼你就快快開始大量的與人互動溝通（主動去請教別人經驗就是最低成本而且有效的方式）、大量的閱讀、以及主動尋找學習課程來強化自身本職學能／培養第二專長，這就是最佳解。

追求卓越是自我突破的祕訣

對於多數職場工作者而言，若能夠成為學習能力強而成長速度快的人，基本上就至少可以衣食無缺，無論將來技術或職場如何變革，被革掉的人都不會是這些人。但是如果你追求的是更高層次的目標：成就感與自我實現，那麼跨業（跨領域）的試煉，往往是最好的自我突破捷徑。我周遭有許多屬於這一類型的追求卓越者，我就用丙類型來簡稱與說明。

丙：不斷自我突破的卓越者，他們的能力曲線如（圖2-3）（參見P58），很顯然地，他們在一生中會有好幾次的自我突破經驗，根據我對這些人的觀察，他們除了普遍也都具有前面乙類型（學習能力強而成長速度快的人）大量與人溝通、大量閱讀、以及自主性學習的習慣之外，他們還多了兩項共同特徵：追求卓越的習慣、願意接受新挑戰的習慣。

丙類型的員工，之所以能夠在一生當中出現好幾次的自我突破，而讓個人能力以及對

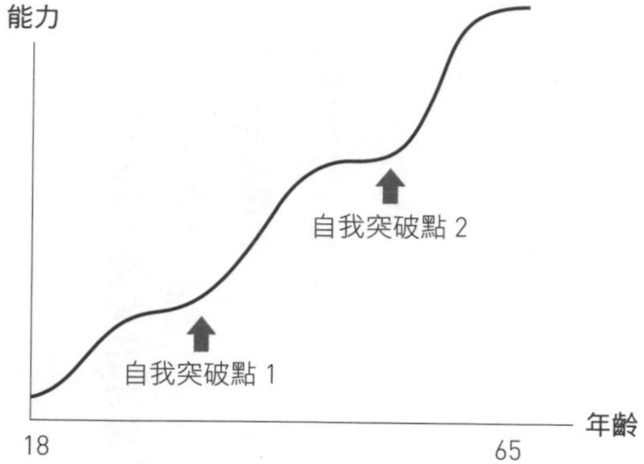

〔圖 2-3〕 **學習能力強而成長速度快的 S 型曲線**

應的收入水平不斷地提升，關鍵就在於「追求卓越」、「願意接受新挑戰」這兩種習慣。追求卓越是每一個領域的成功者所必備的習慣，因為他們不甘於平凡，因此凡事都會自我要求做到最好，而不需要別人的驅策，因為別人的要求都不會比他們的自我要求還要更高。

「願意接受新挑戰」則是更少數的頂尖成功者的一種特徵，而因為他們願意跨出原本已經相當成功的領域，進入一個他們原本不熟悉的新領域，而讓自己「學習與成長的邊際效益」最大化，這些跨業的經驗最後都會整合起來，成為一個不可多得的管理人才，比其他競爭者擁有更完整的人生歷練。試想，如果一家公司希望能僱用一位優秀的專業經理人，會挑一路來都只專注在自己工作領域內或部門內事務的人，還是挑選已經歷練過不同產業、跨不同部門經驗的人呢？

在全世界各大企業的創辦人、CEO或專業經理人，都可以看到上述的特質與習慣。讀者若有興趣，可以自行研讀台積電創辦人張忠謀的自傳、奇美創辦人許文龍的傳記；日本則是SONY創辦人盛田昭夫的傳記、軟體銀行創辦人孫正義的傳記。美國偉大的企業領袖傳記更多，或挑你欣賞的幾位知名企業家所寫的書來看都可以。大道至簡，而頂尖成功者的特質，總是雷同。

高手的提醒

如果你是甲型的員工，你要快醒醒。因為相關的職缺，十年內一定會銳減，你現在的舒適，將來的不舒適（或者無所事事）。參考乙型的員工能夠快速成長的三種共通特點，快快跟著做吧。

難題 03

不確定自己的能力夠不夠，有多少利基，該如何自評？

先從自己有興趣的領域開始，並持續投入時間刻意練習，最後養成的能力就有機會產生很高的價值。

能力不是關鍵，一切要從熱情開始

有些人會把斜槓青年想得太複雜、目標設得太高，以至於不敢跨出第一步；其中一個主因，是過度把焦點放在「多重職業」或「多重收入」上，這是本末倒置的。事實上，絕大多數的成功斜槓青年都是先從「多元興趣」或「多元價值」開始，也就是說，先從做自己有興趣的事情為出發點，而這些興趣最後也創造出了價值；至於後來會不會變成多一個收入來源，並不是一開始你要關心的重點。

我必須強調，一定要先從自己有熱情的領域開始（通常是你的興趣或嗜好），也就是做自己喜歡的事情，然後試試看，能否從做這些事情的過程當中創造出價值。

舉例來說，我的瑜珈老師一直都是金融從業人員，她很喜歡瑜珈，一開始是自己先去學瑜珈，後來因為一位好朋友有興趣也想學，她就以不收費的方式教她這位朋友（就像是找朋友一起練瑜珈）。後來有其他朋友的媽媽想學瑜珈，但是不想去外面上課（覺得太貴，又怕費用繳了後來無法持續上課，就會浪費錢），得知她有在教，也就請她下班後去這位朋友家裡教她媽媽，再補貼一些費用給她，於是，金融從業人員／瑜珈老師的多元價值就這樣產生了。

她原本的瑜珈老師得知她已經有能力教初學者之後，只要她的瑜珈老師有事，就會請她代課，而代課是有收入的，所以她目前也就多了一個非正職的收入來源。在這個案例當中，如果她一開始就把瑜珈視為副業或兼職，那麼反而就可能會因為壓力過大而放棄，但若視之為興趣（因為就算不教學，自己也是會花時間練）而順其自然，就會發展出很好的結果。

事後來看，如果她把「能力」的評估擺在前，那麼一開始當然能力不夠當瑜珈老師；但是如果專注在「熱情」上面，只要對於有熱情的領域持續投入，隨著時間流逝，能力自然會累積，到最後甚至超乎自己一開始的想像。

多數的能力都是透過刻意練習而來

在知名暢銷書《刻意練習》、《恆毅力》裡，都提到了一萬小時理論，也就是說，許多在該領域出類拔萃的頂尖人士，都是經過一萬小時的刻意練習而來，而不是天生如此。你必須留意，那所謂的一萬小時是成就「頂尖人士」的標準，但你若要成為一個斜槓青年，並不是非得要做到一個領域最頂尖的人士才行。事實上，一百小時的刻意練習就會產生一定基本的能力（如果每週練兩小時，持續一年就會超過一百小時，例如練英文、或練日文，都可以達到基本可以對話的程度；練任何一種樂器一百小時，都可以達到基本可以彈奏或吹奏的水準）；如果是累積五百到一千小時的刻意練習，就可能會達到「熟練」或被視為「達人」的水準。

就我觀察到的許多斜槓青年，平均都是在某一個領域當中，持續投入兩年至五年的時間，而到達受到周遭親朋好友肯定的標準，通常一個人對於自己有熱情的領域，每週投入十小時是很常見的，那麼一年五十二週就是五百二十小時，兩年就會超過一千小時。而你周遭的親朋好友通常就是你能力的最直接受惠者，也是鼓吹者，如果你在自己有熱情的領域能夠獲得親朋好友們的祝福，那麼通常不用很久，你這個能力就會產生很高的價值（無論是去教別人，還是幫助別人完成事情，或者創造出產品或服務給別人），至於要不要將這些價值轉化為收入，以及何時轉化為收入，就看你自己的選擇了。

黃一嘉
這樣說

自評能力的利基之前，最重要的是先找出自己的優點。

根據我的觀察，華人家庭的小孩通常缺乏自信心，原因在於華人家庭的父母對孩子大多偏向責罵而非鼓勵，因此在充滿批評責罵環境下生長的孩子，只知道自己缺點，卻從不肯定自己有那些優點。甚至，連自己本身有什麼優點都不清楚！

強烈建議各位，捫心自問並寫下：「我的優點有：……」

把這些優點寫下，放在書桌上，天天喚醒自己。

高手的提醒

斜槓青年普遍都不是從多重職業、多重收入開始的，而是以個人興趣為起點，之後衍生創造出來價值；至於這些興趣和創造出來的價值要不要去變現，都是後來的決定，而不是你一開始所要煩惱的。

難題 04

不確定自己的 know how 是否有獨特性或競爭力？

想確認自己 know how 的獨特性或競爭力，第一步就是先搜尋是否有相關領域的競爭者，再評估有沒有市場性。

先上網搜尋相關領域的競爭者

拜科技發達之賜，現在資訊流通速度很快，而人們的需求以及遇到的問題多半大同小異，因此我們想到的創意或點子（ideas）往往不少人也都遇到、想到了，只是有沒有人做到？上網搜尋大概就知道了。

如果你不知道自己的know how是否具有獨特性或競爭力，建議第一步就是先上網搜尋相關的議題，看有沒有人在討論？是否已經有相關的產品或服務推出了？有沒有達人或成功者？

如果網路上都搜尋不到相關的資訊，有可能是你用錯關鍵字，當然搜尋不到正確的目標，那麼你可以試著到大型的社群媒體（例如Facebook／批踢踢／Mobil01／LINE群組）去發問看看，或許會有人提供一些資訊給你。

如果真的完全找不到和你一樣構想的產品／服務／達人出現的話，那麼肯定有獨特性。但有沒有「市場性」（也就是這樣的產品或服務到底有沒有市場？人們真的會想要付錢買嗎？市場夠不夠大到養活你？）後續會進一步討論。

如何知道自己的競爭力高低？

如果網路上有找到相關的產品／服務／達人或成功者的話，看看他們的作品，和自己的 know how 相比，差距多大？為了避免自我感覺良好，最好拿自己的作品或構想，詢問你周遭的人，究竟水準相差多少？如果問少數幾個人不夠客觀，那麼不妨多問幾個人，因為你可以就近詢問的這些人也是將來你發展新事業時，最可能的第一批使用者（或者受害者，所以你一定要他們很誠實地跟你講才行，不然將來他們就要容忍你把你的爛作品硬推給他們用）。

再來，就是要透過「市調」（市場調查）來測試市場性，以及競爭力高低。建議你把自己的作品放到網路上，獲得回饋來測試市場接受度，藉此更了解自己的水準在哪裡；若還沒有具體成品的話，把你的構想或 know how 儘可能具體地描繪清楚一點也行。Facebook、Instagram、Youtube、LINE 是最常用的社群媒體，如果你害怕丟臉或者被自己公司的老闆或同事發現，你可以請信得過的好友幫你把作品曝光到上述的平台上，讓該社群當中的人來給你回饋。如果你找人脈愈廣的好友幫你去做「市調」，那麼獲得的回應往往會愈多、愈具有參考性。

如果不夠獨特，怎麼辦？

若要期待自己的 know how 是市場上完全沒有的，機率很低，也就是說「絕對的獨特性」並不容易，但是即便不夠獨特，你仍有三種因應策略：1.差異化；2.低成本優勢；3.速度優勢；分別論述如下。

1. 差異化：不求一整個獨特，而是在細部有所差異化。例如手機包膜、指甲彩繪、美容美妝的技術都差不多，但是你只要有一些些與眾不同的地方（包括服務過程的差異化，或場地設備的不同），就能夠形成差異化。

2. 低成本優勢：如果你認識的朋友多，因此創造出來的產品或服務，可供多人使用，你就會有經濟規模效益。因為你的產出量大（就算是薄利多銷）就比較能夠跟你的上游或者原物料的供應廠商議價，取得較低的成本優勢。

3. 速度優勢：如果你的手腳較快，可以在市場上還僅有少數人提供該類型產品或服務的初期，就先進入該市場，那麼，就容易取得較多的客戶，這就是「先占優勢」。或者就算你已經沒有先占優勢，但是你產出作品或服務的速度，可以比別人快，那麼，你也可以在產出效率上贏過競爭者。現代人普遍沒有太多耐性等待，因此即便是相同產品，愈快能夠滿足客戶需要、愈快出貨，就是贏家。

只要你能夠採取以上三種策略的任何一種，那麼，即便你的 know how 並不獨特，但是，仍然可以在該領域獲得一定的市場，取得客戶的青睞。

高手的提醒

人們的需求大多是大同小異的，因此只要能夠有 know how，確定人們有這種需要，就不怕市場太小，因為你並不是要一步登天、跨出第一步就賺到大錢，而是先求有，再求好。許多成功人士都是從小斜槓，後來成為大斜槓，關鍵是要勇敢地先把一隻腳放進去試水溫（重心還是在原來的另一隻腳：本業），等確定值得完全投入新領域，才考慮把兩隻腳都放進去。

難題 05

哪些能力是成功的斜槓青年所必備的呢？

勇敢嘗試，持續保持對大環境趨勢發展的了解，選擇對的方向，同時做好自我管理，並學會行銷自己。

勇於嘗試並適應環境的能力

有句話說，兩點之間最短的距離不是直線，開始到成功的最短距離，端看你嘗試的勇氣和適應環境的能力有多強。一九三〇年，托曼爾（Edward C. Tolman, 1886-1959）與霍齊克（Honzik）兩位科學家對老鼠進行實驗，證明思考與認知是學習的重要過程，最快走出迷宮的老鼠並不是一直被獎勵那隻（制約行為），而是先經歷過一段嘗試過程後，再給予獎勵的那隻（認知學習）。

社會就像是一個大叢林，但不保證你找到一個部落就可以安穩生存，部落可能消滅，環境可能改變，依附在別人的心態就像是制約行為一樣，當環境變化時你還可以走出來嗎？這是不分年紀每個人都必須面對的問題。

《心靈捕手》（*Good Will Hunting*）是一部令人印象深刻的電影，主角威爾（Will）原是一個數學天才，卻選擇在麻省理工學院（MIT）的數學系當一個清潔工，就因為小時候被父親家暴的陰影，讓他不管面對任何事，都直覺地認為會失敗而不敢嘗試。缺乏勇氣與決心的他，甚至因為太習慣懷疑自己以及預想著失敗，還會刻意地破壞任何可能成功的機會。這是多少人成長過程中的縮影，害怕的結果就是自我實現失敗，特別是對年輕人來說，「勇於嘗試」是你想從事斜槓工作的必要挑戰。

另外，持續保持對大環境趨勢發展的了解，選擇對的方向比努力重要。在科技領域當中，有些生態圈已然成形，要不是在其上發展，不然就要避開它另外發展，例如Android和iOS兩大行動系統，脫離微軟的生態圈發展，Line、Facebook、和微信等社群軟體也建構自己的支付生態圈。如今各行業都須藉由科技增強生存能力，你必須要清楚大環境發展方向，5G、物聯網、人工智慧和工業四．〇時代已來臨，無論是否為科技人，都必須對科技發展有基本的認識。

自我管理的能力

當你找到想嘗試的方向後，下一步就是要如何做自我管理，自我管理包括：

1. 目標管理
2. 時間管理
3. 健康管理（情緒和壓力管理）

1. 目標管理

目標管理，首先要確認你想嘗試的方向，有哪些具體可執行的小目標，試著把這些目標量化，例如，如果你想要嘗試餐飲行業，那麼你必須要先將目標縮小，是想要開餐廳或飲料店，內用或外帶為主、規模大小等，當比較確定型態後，接下來必須要再往下細分，如何設計餐點、如何找店面、如何找工作夥伴、如何找資金。

在科技或顧問業常用的方法，包括 MECE（Mutually Exclusive, Collectively Exhaustive）或專案管理原則與技巧為 WBS，所謂的 WBS 即是 Work Breakdown Structure（工作分解結構）的縮寫，有興趣的讀者可以 Google 搜尋一下網路上相關資訊，相信會有很大收穫。

2. 時間管理

時間是你人生的錢幣，它是你唯一的錢幣，只有你能決定將怎麼使用它，要小心，以免其它人替你使用——卡爾．桑德堡，美國詩人

時間管理，並不是要你去控管時間，因為時間不受任何人控管。個人認為最重要的是「學習管理」和「任務管理」，任何事情在運用前述的方法細分出了「子工作」之後，如何像拼圖般的完成，就是一種技巧。大家都有拼圖的經驗，要拼得比別人快，首先，必須要有完整的拼圖樣貌，也就是事情的全貌（Whole Picture），同時，要很快找到具有關鍵特徵的拼圖，例如眼睛、顏色、邊邊角角特殊形狀等等，從那裡著手，如此就會愈拼愈快。工作就像是拼圖，方法比努力重要。

另外，在工作時，適時的限縮外界資訊來源與干擾，可以提升工作效率，例如，關掉即時通訊軟體、Facebook、電視、手機，讓自己處於只能專注在工作所需的環境下，保持專注才能有高產能。專注，是最有效運用時間以發揮最大效能的關鍵能力。

3. 健康管理

個人認為，情緒和壓力管理是完成工作很重要的一環。在工作過程中，必定面臨資源不足、經費不足、睡眠不足等等，如何做取捨，如何紓壓，如何管理工作夥伴和客戶情

緒，對於工作至為重要。找到適合自己的方式，無論運動、聽音樂、冥想或讀書等，只要能讓你緊繃的身心得到適度的情緒轉移，都是好方法。

分享一下個人爬山的經驗，常看到許多新手爬山，擁有最新的登山裝備，一開始就往山上衝，但爬到最後一段上坡就出現體力不繼的現象；其實真正的老手，重視的是爬山的節奏而非速度，每一個步伐配合呼吸的調整。在工作的領域，當你失去動力時，適度的休息調整，重新找到自己的工作節奏，比努力更重要。

自我行銷的能力

當你已經完成你的斜槓準備，接下來，如何自我行銷的能力至為重要。行銷自己的第一步，你必須先肯定自己，如果你自己都自我否定了，老是覺得別人不可能接受我的想法，害怕別人提出尖銳的問題使我無法回答，種種的負面想法，在為行銷自己前不斷地占據你的腦海，那你就可能因此陷入自我應驗預言的負向循環。

另外，行銷的方式必須要保持幾種特性：必須要聚焦、容易了解、令人感興趣，以及最重要的，誠信。這幾年來，大家流行所謂「故事行銷」就是一種很好方式，但切勿一味地為故事行銷編出無關的故事，在行銷的過程中，你自己就是一個產品，大部分人會先相信你再相信你的產品。詳細的自我行銷方法和工具，可以在本書的第九章「所需資源與相關平台的問題」，找到許多實用的答案和說明。

高手的提醒

人生是一場不斷認識自我的過程，透過不斷地嘗試、挫折、失敗和成功，個人的能力不斷地被開發，對世界的認識也愈多，勇敢去成就所渴望的事情，每個人都有超乎想像的潛能。

難題
06
不擅於靠自己招攬生意或向別人收費怎麼辦？

你應該先專注在自己的強項，強化自己的核心能力，並透過專業的業務人員幫你銷售，甚至是透過網路販售。

專注在你的強項，其他的交給專業的來

專業分工才是常態，你不可能什麼都靠自己來。即便是當今大多數的成功企業，在產品的銷售以及收費方面，多半不是靠自己做，而是銷給銷售通路、代理商、或者與中大型的平台業者合作。因為沒有一家公司能夠同時把所有事情都做到最好，因此，多數公司會專注在自己的核心競爭力上面，而把非擅長的領域外包、或者透過與其他公司的合作來達成。

你可以檢視你個人或家裡的各項物品，可能低於二〇%、甚至不到一〇%是這些產品的製造商靠自有通路來販售的，而是透過大賣場、百貨公司、超市、超商、線上購物網等等這些地方買來。這才是專業分工的原理，或者經濟學當中所

謂的「比較利益法則」：把自己的時間用在相對具有競爭力的強項上，才能夠發揮最大的效益、產生最大的利益。

學校沒有教人們銷售技巧

因為我們從小到大所接受的學校教育，都沒有教我們銷售技巧、或者向別人收費的技巧，當然大多數人原本都沒有這方面的能力，這才是常態。千萬不要因為自己缺乏這些技巧而成為自己的阻礙，因為在本書的其他許多篇章當中都會談到，每一個成功的斜槓青年，多半都是從專注於本業以及發揮自己的核心能力為起點，在本業或者核心能力上受到了公司或者周遭親朋好友的肯定之後，其他的人自然會想與你合作。因此，你應該先把自己所具有的才能儘可能的發揮，自然會有人幫你去銷售（初期通常是你的親朋好友），之後也會有合作機會自動找上門。

Facebook 是目前全世界獲利最好的的大型龍頭企業之一，而公司的創辦人馬克・祖克柏（Mark Zuckerberg），在哈佛大學就讀期間，因為沉迷電腦，而且交不到女朋友，也就是台灣人眼中的「宅男」或「魯蛇」（loser），因此在學生宿舍建立這個線上交友服務。後來公司成立後，靠其他比較懂業務推廣的共同創辦者去拓展業務，並不是祖克柏自己在推業務。

先有好的技術和產品，業務人才會自動投靠

事實上，多數成功的公司創辦人都是擁有技術的專才，但不是業務的專才，例如在台灣，台積電創辦人張忠謀、宏碁創辦人施振榮、華碩創辦人施崇棠、廣達創辦人林百里、大立光創辦人林耀英（現任執行長林恩平的父親），都是技術人才，但不善於交際應酬，更沒有業務專長，但是後來這些公司卻成為全台灣市值前幾大的公司。初期，他們都是專注於技術研發、申請專利，靠好的技術和產品來吸引人，而業務人才絕對會想要來投靠。

如果你看到現在許多大企業的總裁或執行長，同時也很會做生意，通常不是他們從小就會做生意的，而是在事業奮鬥的過程當中，慢慢累積起來的點點滴滴經驗，而成就他們知道如何在商場中應對進退。

然而，更主流的現象，是最近二十年全世界已經走向「專業經理人」制度，也就是公司所有權人用高薪從外面請人來擔任執行長，這是所謂「經營權與所有權分離」的制度。如今，許多大型公司的執行長已經都不是原始創辦的人了（科技業比較新、歷史比較短，所以可能還是有一些創辦人兼現任執行長，但科技業以外，多半都已經不是）。如果那些創辦人年輕的時候都在鑽研如何做業務，而不是花時間在核心技術的研發上，那麼，今天可能就不會有這些成功的偉大企業。

核心競爭力是區隔你與平庸者的關鍵

如果你還年輕，社會歷練仍不足，那麼，我強烈建議你，將多數的時間投注在自我能力的提升、尤其是加強核心競爭力，這會是你將來無論是走斜槓路線，或者走專職路線，絕對會讓你與平庸者區隔出來的關鍵。而招攬業務的能力、向別人收費的技巧，並不是你初期所要擔心的主要問題。

隨著你的核心能力已經受到公司、客戶、或周遭親朋好友的肯定之後，你再開始花一些時間學習行銷與業務技巧，也不遲。不過，從我周遭許多創業成功的實例來看，最好的做法是你找具有業務能力的人合作，你把專業技術穩固好，讓有業務能力的人來幫你銷售，這是最好的搭配。

隨著趨勢潮流的改變，現在網路行銷、線上購物，以及第三方支付的趨勢已經逐漸成為主流，因此，你甚至不需要找業務人才來幫你銷售，而是你可以將自己好的產品或服務透過網際網路，或者線上的平台業者來賣。以安納金為例，他之前的三本著作都是在還沒上市之前的一個月，已經被預購四千冊到八千冊，然而他從來沒有露臉，也沒有直接向任何人兜售或收費，而是靠自己的核心能力（投資能力以及寫作才華），在網路上吸引了喜歡他文章與書籍的群眾，之後透過出版社，以及網路平台業者的收費機制來進行收費。

高手的提醒

先將自己的核心能力顧好，才是至關重要，銷售技巧以及收費方式並不是你初期所需要擔心的。在全世界的消費習慣已經逐漸從實體店面轉為線上交易，而且線上的平台業者一一在快速興起，你根本不用擔心好的產品或服務會賣不出去。

5

CHAPTER

個人生涯發展的問題

斜槓是一種選擇，不當斜槓也是一種選擇，沒有對錯和優劣，有人一輩子只專注一份工作，也可以沒有遺憾並感到滿足。不過，每個人都有成為斜槓青年的特質，斜槓的出發點在於你的選擇。

難題

07 不知道自己適不適合當個斜槓青年？

斜槓未必能夠強求，而是時機成熟的時候，斜槓往往會自然成型。

每個人都有成為斜槓青年的特質

在討論自己適不適合當個斜槓青年前，許多人都忽略了，自己目前所扮演的多重身分或擁有的多重能力，不也是生命歷程中，透過你的選擇並努力得來的，例如你的家庭、工作或學歷等。因此，斜槓的出發點就在於你的選擇。

那麼，接下來，應該如何做選擇，端看人生不同階段的需要和個人興趣。古希臘哲學家Josh Billings曾說：「需要為發明之母（Necessity is the mother of invention.）」，人類創新的動力正起源於個人需要。或許，中年有失業危機，所以你必須斜槓；或許，工作發展遇到瓶頸，所以你必須認真考慮斜槓；或許，你有深植心中的渴望想要實現，所以斜槓自然被啟迪出來，例如，渴望當社工幫助弱勢族群；或許，你有多年以來的興趣想要更深入的發展，例如，攝影、寫書、寫詩等等。因此，重點不在於適不適合成為斜槓青年，而是你的渴望或需要被滿足的時間點到了沒？

伸出觸角，時機成熟，斜槓會自然產生

我們幾位作者，一起大量研究、觀察了國內外許多成功的斜槓青年案例，發現通常不是這些人先有想要當一個斜槓青年的想法，然後才去尋求能夠斜槓的發展管道；相反地，多半是人生來到了多重角色的階段（例如，為人母，或開始必須協助家業，或者小孩長大了想要創業），因而自然成就了斜槓的身分；也可能因為自己培養出了多元化的專長，由於親朋好友肯定，創造出極高的價值，因此產生新的收入來源。也就是說，斜槓未必能夠強求，而是時機成熟的時候，斜槓往往會自然成型。

因此，與其問說不知道自己適不適合當個斜槓青年？不如先將心思好好地沉澱，檢視自己的工作、了解自己的興趣和專長、釐清對人生的渴望，從而找到自己的方向。

江湖人稱S姐
這樣說

斜槓是一條一條加上去的，未來的工作模式會逼得你不得不當個協槓／斜槓，也會和別人合作，只是怎麼斜而已。未來你可能會成為別人的父母，你不知道適不適合，但你（妳）註定要學要試的。

時間是不等人的，現在的環境比十年前更多元，社群媒體的發達，社會對多職接受度正慢慢提升，個人的能力和興趣更有機會被實現，勇敢踏出第一步。至於詳細的資源和平台，例如工作中如何多職、如何找人諮詢意見、相關可利用的平台和工具，可參考第九章所需資源與相關平台的問題，相信會有很大的幫助。

保持敏銳度，掌握機會

斜槓的本質並非是為了斜槓而斜槓，而是奠基於未來的趨勢，工作更加多元化、知識經濟更發達和社群行銷等相關科技不斷推陳出新，讓個人的能力和創意更有機會在最快的時間被看見。

古人十年磨一劍，沒有十足把握可不敢隨便亮劍，這種工匠般的態度立意雖好，但處在當今風馳電掣快轉時代，卻可能因為過度執著而喪失許多寶貴的機會，著人先鞭者雖然不保證可以成功，但錯失時機的人保證是個失敗者。

因此，建議一般上班族，除了專注在個人能力的開發、興趣培養外，更要保持敏銳度，關注周遭的變化，以及未來社會的發展趨勢，或許透過邊工作、邊學習和邊觀察，因而激發出你源源不絕的創意和想法。

日本戰後百廢待興，一般的國民買不起汽車，而腳踏車就成了常用的代步工具；不過腳踏車的機動性不足，看到此問題的本田創辦人本田宗一郎，利用自己對發動機的研究，將腳踏車改裝為具有動力的機器腳踏車，很快地席捲整個日本市場，也為日後本田成為全球最大的摩托車公司奠定基礎。

高手的提醒

認識自己是每個人一生的功課，時常反思自己，我能夠做什麼？我喜歡做什麼？我願意做什麼？從你具備的能力、渴望發展的興趣、生活的信念及對事物的價值觀開始著手，斜槓是一個從內而外理解和探索的過程，清楚定位自己，遠比盲從別人來的更重要。

難題

08

希望讓興趣單純當興趣，怕興趣當職業就不有趣了？

斜槓青年的核心在於多重專長，因而創造出多元價值的人生，而是否創造多重收入並不是重點。

斜槓的重點在於活出多元人生

不少人擔心原本自己的興趣，一旦轉變成為職業，有收入上的壓力之後就會讓興趣變質，而不再像過去那般地享受於興趣本身所帶來的快樂。我認為這是多慮的，因為斜槓青年的核心在於多重專長，因而創造出多元價值的人生，而是否創造多重收入並不是重點。

有些人只仰賴單一工作所帶來的薪資收入，隨著職場變遷，會擔心未來缺乏保障，也可能因為收入水準過低而無法享受理想中的生活，因此感到些許無奈，這樣的人並不快樂；也有人忙於兼差、擁有多項來源收入，然而為了這些多重收入而疲於奔命，沒有時間好好享受生活以及與家人共享的樂趣，甚至犧牲了健康，這樣的人也未必真正快樂。

我會建議你應該要讓自己的興趣繼續深入發展，但不要刻意施加壓力，讓自己熱情一來就做多一點、深入前進多一點，亦可隨興暫且放手悠閒自得，這就是一種自由，這也是多元人生的重要快樂來源之一。一個人的興趣如果發展到某個程度，機緣來了，就會自然產生收入，但並不是你刻意要把興趣拿去變現就能夠產生收入。你應該讓興趣持續保持最有熱情的狀態，而當這個興趣遇到了可以變現的機緣時，順從「心之所向」來決定要不要多這一份收入，因為人只有順心的時候才最快樂，不順心不可能快樂。

人們喜歡分享，不喜歡兜售

許多人或許質疑興趣當職業後就不有趣，害怕一旦進入「兜售」的行銷模式，會讓自己的初衷變質，周遭的親朋好友也因為你的收費，讓彼此產生壓力、而讓關係質變了。

面對這個問題，最佳的解決方法在於「專注於你的熱情」。唯有他人能夠感受到來自你對這個領域的濃厚興趣，周遭的親朋好友都充分了解你的熱情在哪裡的時候，他們比較願意適時地參與你的發展、進而協助你——因為他們都清楚你不是為了賺錢而投入這個領域，看重的是你用心竭力在真正熱愛的事情上。

「專心致志於你的熱情」就是把你的焦點放在興趣本身，如果你把焦點放在收費或者獲利上，那麼他人可能就不會那麼願意主動幫助你。

強調你所創造的價值，而不是價錢

在一九〇〇年代全世界最富有的人當屬約翰．洛克斐勒（John Davison Rockefeller，一八三九年七月八日—一九三七年五月二十三日），他在一九一四年巔峰時的個人財富總值達到美國GDP的二．四%，普遍被視為西方世界史上首富。在他寫給兒子小約翰．洛克斐勒的信中強調：「專注於你所提供的價值，而價格最後才談。」也就是說，秉持真摯誠懇態度，儘可能把你所能夠為他人創造的價值具體而熱情地描述出來，當引起對方注目，興趣濃厚，渴望取得這份具有高度價值的產品或服務之時，最後才談錢。

這可說是全世界最頂尖的商場巨人所給我們後代最好的忠告了：即便全世界最會賺錢

的人，也不喜歡談價錢，除非最後逼不得已。

因此，當你的興趣持續發展到了能夠為他人創造價值的時候，自然會因為遇到有需求的人來拜訪你，他該付出多少費用來取得你所提供的這些價值？你依然可以充分地表達你對這個領域的興趣和熱情，以及對未來前景的想法，最後才討論價錢——因為先有高價值，才會有好價錢。

黃一嘉 這樣說

先不論自己是否要把興趣當職業，先問自己：「我可以做什麼事做得開心、做得長長久久？什麼事情可以讓我一直做都不會覺得累？」

某件事讓人可以一直做，不覺得疲憊也不覺得膩，那麼就有可能在這件事情（工作）上持續找到突破的方向，而不斷進步。

不論這件事是不是本身的興趣，至少它會讓自己感受到熱情、喜悅，然後永不懈怠。

投資理財，是每個人最值得培養的興趣和專長

如果你認為自己目前的興趣，難以得到別人認同而願意主動付費獲得這些價值，那麼不要急，慢慢來，讓興趣繼續隨著時間發展，你持續不斷地投入你的熱情，最後終究會結好的果實——就算沒有變現，這些濃厚的興趣本身已經豐富了你的人生，而一個快樂的人生卻是無價的。

很建議每一個人都需要培養的興趣、以及第二專長，就是投資理財。為什麼呢？因為投資理財是可以不求他人，靠自己投入時間與認真研究，從小額的本金，慢慢累積成較大的資產。

這裡所謂的投資理財並不是指聽消息、追明牌、追飆股，而是學會人生理財的基本原則，包括複利效果、資產配置、以及以錢賺錢的正確觀念。事實上，本書的三位作者，除了本業以及興趣嗜好以外，同時也都是投資理財領域的高手，而且懂得在年輕的時候就開始培養正確的理財觀念，因而在四十多歲的年紀就比絕大多數人更早達成財富自由。

有關投資理財的正確觀念，我很推薦以下的這幾本書，這幾本都是國外的名著，台灣也有中譯版，前面幾本比較淺顯易懂，後面幾本比較深，而且需要一定基礎才看得懂。建

議先在書局初步看過內容，確定符合自己的閱讀程度，再買回家來好好研讀。

1.《通往財富自由之路》李笑來著（漫遊者文化，2018/01）
2.《漫步華爾街：超越股市漲跌的成功投資策略（暢銷 45 週年全新增訂版）》墨基爾著（天下文化出版，2017/09）
3.《原則：生活和工作》雷．達利歐著（商業周刊出版，2018/04）
4.《投資最重要的事》霍華．馬克斯著（商業周刊出版，2017/02）
5.《投資金律：建立獲利投資組合的四大關鍵和十四個關卡（全新增訂版）》威廉．伯恩斯坦著（臉譜出版，2016/01）

高手的提醒

能夠讓興趣一直保有熱情，是人生一大樂事。你不需要為了成為斜槓青年而扭曲了自己的興趣讓它變質。遵從本心，才是快樂人生的最好指引。

難題 09

我還沒有認真想過是否要當斜槓青年

人生無法事先預測，但信念可以先準備。斜槓是一種選擇，不當斜槓也是一種選擇，如果你人生有許多渴望，同時也擁有創新的想法和才華，但卻被自己的負向思考限制住，那才是人生中最可惜的事情。

並非每個人都需要當斜槓青年

斜槓是一種選擇，不當斜槓也是一種選擇，沒有對錯和優劣，有人一輩子只專注一份工作，也可以沒有遺憾並感到滿足。事實上，人的一生也賦予多種角色的轉換，子女／父母親／學生／上班族，在人生的舞台上，扮演好社會和家庭所賦予的角色，人生也可以很圓滿。

但就如同本書第五道難題所提到的，若想成為斜槓青年，必須具備勇於嘗試並適應環境的能力，如果你人生有許多渴望，同時也擁有創新的想法和才華，但卻被自己的負向思考限制住，那才是人生中最可惜的事情。

人生無法事先預測，但信念可以先準備

關於志向這件事，我很喜歡電影《阿甘正傳》（*Forrest Gump*），阿甘的母親所說的一句話：「人生有如一盒巧克力，你永遠不知道將嚐到哪種口味（Life was like a box of chocolates. You never know what you're gonna get.）」你的志向無法決定你成為什麼樣的人，因為世界變化的無常，每個人機運不同，但你的信念和善念，可以決定你是什麼人，正如同安納金常引述目前世界首富，亞馬遜創辦人貝佐斯（Jeff Bezos）所說的一句名言：「聰明是一種天賦，而善良是一種選擇（Cleverness is a gift, kindness is a choice.）」

歐普拉（Oprah Winfrey）是一位我非常喜歡並尊敬的人，她稱得上是一個十足的斜槓青年，身分包括了電台主持人／脫口秀主持人／作家／慈善家／演說家／企業家／女權運動家，在美國的影響力往往超越當時的總統。

她的童年有過十分悲慘的遭遇，是一個被親友性侵的受害人，但憑藉著不向命運低頭，逐漸從電台主持人跨越到脫口秀主持人，坦然地面對自己的人生無懼無悔，秉持並學會感恩所有一切的信念，讓她成就後來所有偉大的事。正如歐普拉在這本書《關於人生，我確實知道的事》所說的：「人生所有精彩，都建立在對每個呼吸的真誠以待！」

人生中沒有一件事情是完全沒有用的

這是賈伯斯很著名的一段話：「你無法預先把現在所發生的點點滴滴串連起來，只有在未來回顧時，你才會明白這些點點滴滴是如何串連在一起的（You can't connect the dots looking forward; you can only connect them looking backwards.）」

由於賈伯斯在大學時代休學，去學習英文書法課程（caligraphy instruction），接觸了各種美麗的字型，如果沒有這一段際遇，也就不會有麥金塔電腦上許多令人喜愛的字體，這也間接促成了麥金塔電腦在早期空前的成功。過去發生的每個點，在未來都可能可以連成一條線，只是，你無法預知未來又如何把它們串起來，但是無妨，因為時候到了，你自然明白。

多元思考，保持創造力

由於現在科技更進步和資訊更透明，社會接受新產品的能力更強，因此產品更替速度比以前更快，過去產品準備好再開始推出的思維，可能必須要調整。現在有許多眾籌平台和社群媒體，因此，產品接受度，並不需等待最終市場的驗證，在概念或產品發想期或產品原型（prototype）階段就可以被驗證。

在志向未定前？那麼你更必須開放心胸，保持多元思考，過度堅持自己單一的想法並無法在多變環境下生存，你必須要把時間成本考慮進去，在概念形成期就開始和市場作對話，無論是產業專業人士或市場平台初步驗證，用最少的成本（包括時間和人力）去貼近市場，相信可以在你眾多創新和興趣中，找到適合你的斜槓定位。

高手的提醒

在未來十年內幾乎可以確定有許多工作將會減少，例如，收銀員和司機，在新科技發展下，沒有人可以置身事外，保持足夠的敏銳度，了解科技將改變社會的哪些層面，同時探索內在渴望和激發自己無限的潛能，在斜槓多職的浪潮下，你才能不被淹沒。

難題
10

要同時兼顧家庭、本業、理財……不知該怎麼做好時間管理？

時間根本就無法被任何人管理，你要管好的是自己。

時間不受管理，你要管好自己

我很贊同李笑來在《把時間當朋友》、《通往財富自由之路》這兩本書中所談的觀念：「時間根本就無法被任何人管理，你要管好的是自己」。作者李笑來是中國知名App「得到」專欄作者，擁有十七萬的付費訂戶，是全中國最活躍的網路紅人之一，也是天使投資人、中國比特幣首富、原新東方英語補教名師，早期他是會計科班出身、業餘電腦程式設計達人，如今跨界之廣堪稱奇蹟，算是斜槓青年的最佳典範之一。

因為時間總是自顧自地往前、不停地流逝，任何人根本無法去管理它，所以管理好自己，才是第一要務。舉例來說，就算你有計畫的要去做任何一件事，但是如果遇到生病，或者發生意外而行動受阻，那麼那幾天你根本什麼事情都不能做，那幾天根本就無法被你管理。

人生當中太多意外、有太多你無法抗拒的外在因素絆住你的人生，讓你短暫不由自主，你往往只能眼睜睜地看著時間流逝，卻什麼也無法做，因此，我們必須透過「自我管理」來「善用時間」。包括做好自我養生保健的好習慣來減少病痛或健康亮紅燈的發生機會，透過少開快車來避免意外發生，透過良好的人際關係來減少心情低潮的機會。這不僅可以減少人生的虛耗與失控期間，而且好的養生保健習慣、減少意外發生、良好的人際關係還會延長你的壽命，如此用整整一生來看，你的可用時間是比其他人更長、更多的！

你想想看，香港首富李嘉誠先生、台灣首富郭台銘先生的時間和我們一樣多嗎？許多人會覺得應該是一樣多，每天都是二十四小時，而且時間滴答流逝的速度是一樣的，但請別忘了，他們因為都注重養生保健、避免意外發生、擁有良好的人際關係，使得他們「失控」的

邱沁宜
這樣說

時間是管理出來的，其實每個人都有很多時間，只是常忽略了。即使只有十分鐘，也可看短版 YouTube 學習英文。重點在於找到自己有熱情的事情，你就會覺得你在熱切的生活而不是在工作，即使是做運動、打電動，都有可能是當斜槓青年的開始哦！

時間少，而且職場壽命也很長，總和來說，他們確實可以運用的時間是比一般人多的。

健康的身體與心理，同時也是個人財務管理上的一個重要基礎。根據統計，在美國的民眾破產案例當中，四成以上都是因為生病所導致的破產主因，甚至於有四六％的美國人付不出四百美元的急診費用。因此，在平時就注意養生保健、維持良好的人際關係，將是達到財務自由的最基本要件，否則就算你有賺到錢，但常常跑醫院，或者因為病痛而無法開心地休閒旅遊，那也不算真正自由。

家庭、本業、副業的取捨

《命運好好玩》（*Click*）是二〇〇六年的一部賣座電影，除了劇情很有趣之外，警世意味相當濃厚。故事內容敘述一位年輕建築師努力工作，希望成為公司的合夥人，認為這樣才能有更多錢與更多時間陪自己的太太和兩個小孩，結果為了打拚工作，他跳過了許多人生中覺得無趣的時段，而不斷「快轉」的結果，最後要病死前，才發覺自己因為疏於陪伴家人而妻離子散，終究在臨終前說了一句：「Family First！（家庭第一）」

家人與家庭生活，永遠會是你的生活重心、甚至是第一要務，如果你的天平當中少了這一端，到人生的晚期，你終究會後悔無法重新來過——無論人生如何輝煌，最終沒有家人陪你共享，都是空虛而落寞的——這就是血緣關係，無法由旁人取代，而當暮然回首才明白這道理時，多數人才忽覺為時已晚。

職涯發展，往往不是單選題

若問我本業與副業之間如何兼顧？不用想當然是本業為重，因為那是你職涯的「本」！

江湖人稱S姐
這樣說

精力管理大於時間管理，人生規劃大於斜槓規劃。代表你不會排序，吃喝拉撒睡通勤也占了時間一部分，挪出來啊。代表你的目標還沒設立，要斜槓什麼你還不知道，完全不是時間問題。代表你以為斜槓的世界只有你一個人，事實上跟一群人合作這些事就會相對輕鬆。就等於只有想沒有做呀，做了就知道怎麼排序跟調整的。

但是在職涯發展上往往不必然是二擇一的單選題，而是複選題。你聽過「一本萬利」嗎？我所見到大多數的成功斜槓人士，都是因為本業做到非常出色，因此受到周遭人的肯定，進而因為周遭人的需要而發展出更多的服務項目或其他周邊產品，因此擴大了原本的本職範圍。

如果你擔心時間不夠用、或者自我時間管理能力不佳，以至於不敢跨出成為斜槓青年的第一步，那麼最好是調整自己的心態：「花若盛開，蝴蝶自來；人若精彩，天自安排。」只要你的本業表現夠好，客戶信任你、喜歡你、依賴你，那麼自然而然會有更多的機會自動找上你，你根本不用擔心如何跨出第一步的問題。

高手的提醒

上天沒有限制了任何人，通常是人們的心態限制了自己。你應該拋棄「我的時間管理能力不夠好」這種畫地自限的思維，而是專注於把自己職位上的表現努力做到最好，那麼更多機會都是隨之而來的。

6

CHAPTER

市場環境的問題

每一次重要的職涯發展重大變革，都是由技術的創新（或者說科技的創新）所帶動，因此，透過了解新科技的發展趨勢，將有助於我們掌握未來可能的職場發展變化。

難題 11

如何知道未來社會的職涯發展趨勢呢？

保持對科技趨勢和世界總體經濟發展的關注，分析影響生活和工作的哪些層面，並評估自己在未來趨勢的浪潮下，是否會被取代。

從新科技發展趨勢著手

根據過去兩百多年來的社會發展歷程，我們可以發現，每一次重要的職涯發展重大變革，都是由技術的創新（或者說科技的創新）所帶動，因此，透過了解新科技的發展趨勢，將有助於我們掌握未來可能的職場發展變化。有關未來的科技發展趨勢，建議可以參考克勞斯．施瓦布（Klaus Schwab）的著作《第四次工業革命》，將四次工業革命做了很清楚的說明。

第一次工業革命（1760～1840）：發動機推動了工業生產。

第二次工業革命（1870～1914）：電力和生產線的出現，規模化生產應運而生。

第三次工業革命（1960～現在）：通常被

稱為電腦革命、數位革命，因為催生這場革命的是半導體技術、大型電腦（六〇年代）、個人電腦（七〇、八〇年代）和網路（九〇年代）的發展。

第四次工業革命：絕不僅限於智慧互聯的機器和系統，其內涵更為廣泛。當前，從基因定序到奈米技術，從可再生能源到量子計算，各領域的技術突破風起雲湧。由這些技術彼此間的交織融合，產業應用範圍橫跨物理、數位和生物幾大領域的互動，昭然可見第四次工業革命與前幾次革命有著本質上的不同。目前所說的工業四・〇，主要是用來提升製造業的電腦化、數位化和智慧型化，涵蓋範圍也只屬第四次工業革命其中一環。

因此，在科技浪潮下，如何洞悉未來社會職涯發展趨勢呢？首先，我們可以利用刪去法，例如物聯網的趨勢發展之下，未來結帳可以無人化，因此結帳員會消失；人工智慧愈

邱沁宜
這樣說

沒有人可準確預測未來趨勢，以前讀核工是熱門行業，沒想到現在是廢核趨勢。我們能做的是尋找自己的不可替代性，找出自己的擅長之處發展多樣性的才能。例如愛交朋友的你，可以選擇從事業務工作也順便去考導遊執照並且學個第二外國語。

進步，客服專員可以被語音機器人取代；隨著機器人的優化，工廠作業員需求將逐漸減少。因此，可以預見未來有些工作正在消失，或減少其重要性，由於知識的取得和人工智慧的發展，甚至有些產業趨勢專家也預言會計師、醫師等專業性工作，部分功能也可能被取代，更何況其他非專業性又重複性質工作。

因此，未來社會職涯發展的趨勢，必須要跨領域整合、不斷創新和適應新科技的能力，這些特質正是斜槓的重要精神，明白易曉這股斜槓的風潮，正從引領全球科技的主要國家大城市開始，逐步散播到全世界各個角落中。

從社會經濟總體面趨勢著手

隨著科技、人口、能源、糧食和世界主要經濟體經貿相關政策的變化，大約每十年對社會經濟將造成相當程度的改變，因此應提早洞悉先機，快速掌握市場脈動，創新改變，以搶得先機。目前可以看到，許多問題一定會在接下來十年內發生，同時也代表有許多商機將應運而出，這些問題包括：

1. 人口老化：趨勢已經正在發生，因此，老年照護、樂齡學習和退休理財等需求，正需要被滿足。

2. 石油開採成本提高：趨勢已經發生，電動車和替代能源發展正如火如荼的進展，因此，智慧能源管理系統、電池交換和儲存、家庭太陽能自主發電系統和電力共享等商機，也亟需被滿足。

3. 人口都市化集中：趨勢已經正在發生，這也帶動宅配經濟，共乘經濟、二手交流經濟和交友媒合等商機。

4. 糧食短缺和食品安全問題：全球暖化、可耕作面積的減少和人們對基因改造方式有疑慮，糧食問題肯定也是未來一項迫切的問題，因此，人造肉、室內栽種蔬菜、產品身分認證等商機也需要被滿足。

相關趨勢資料可以從許多非營利、政府和國際組織取得，例如，台灣經濟研究院、經濟部能源局、聯合國和世界貿易組織等機構。

高手的提醒

保持對科技趨勢和世界總體經濟發展的關注，先分析會影響哪些生活和工作層面，並評估自己在未來趨勢的浪潮下，是否會被取代，還是可以找到浪頭，藉勢乘浪前行，商機就在浪起浪落中被發現，端看個人是否掌握到浪的節奏，和乘浪而起的能力。

難題 12

如何確認自己選擇的斜槓路線是對的呢？

人生沒有對錯，只有取捨。因此除了你自己外，沒有人可以替你定義你的人生對錯。

沒有對或不對，只有適不適合

除了你自己可以定義之外，沒有任何其他人可以為你定義你的人生對還是不對。因為人生沒有所謂對錯，只有取捨罷了。會對於「自己選擇的斜槓路線是不是對的」感到疑惑，多半是以世俗角度對成功與否所做的判斷，不外乎著眼功成名就（名）或者財富收入（利）。

名與利並無對錯之分，而且當人們在努力奮鬥追逐名利的過程當中，往往會創造出最大的價值（例如，創辦大事業、做大事、做大官、賺大錢、做慈善、為國爭光等等，都會創造金錢價值或者社會價值），然而，細觀又可發覺當今社會中的許多受到人們喜愛或推崇的成功人士，並不全然是以追逐名利為目標。

《你要如何衡量你的人生？：哈佛商學院最重要的一堂課（全新增修版）》這本書的作者克雷頓・克里斯汀生（Clayton Christensen）是哈佛商學院教授，曾經五度榮獲「麥肯錫最佳論文獎」，二〇一一年被Thinkers50選為「當代五十名最具影響力的商業思想家」之一。他於二〇一二年TED演說「你要如何衡量你的人生？」影片被翻譯為多種語言，在全世界累計獲得數百萬的點閱次數。他認為，以一生當中可以幫助多少人，來做為衡量一個人的人生成功與否。這本書的三位作者也是如此定義自己的人生，於是有此書的誕生。

幫助別人的同時，必定會創造價值

並不是說你一定要犧牲自己的時間和精力去幫助別人，而且不求任何回報，才叫做成功的人生。事實上，當你在幫助別人的同時，無論是幫忙做一件事情，或者幫忙一件物品的完成，一定同時產生了價值，至於是否變現這些價值來為你的付出做收費，是你個人的取捨。

至於，要如何創造出人生的最大價值呢？已故的蘋果創辦人賈伯斯（Steve Jobs），二

○一一年在史丹佛大學畢業典禮上，對畢業生的演說提到：「唯一感到真正滿足的方法是做你相信是卓越的工作，而唯一做卓越工作的方法是喜愛你所做的事。如果你還未找到，繼續找，不要妥協。」這段話就是在告訴年輕人，人生要圓滿，快樂和熱情是很重要的因子，如果你要在職場上發展，無論是專職還是斜槓，你都必須聽從自己內心的聲音，如果你滿懷憧憬、充滿熱情，那就是對的方向。

高手的提醒

追尋「心之所向」是你成為斜槓青年最根本也是最重要的評判標準。不要讓別人來評斷你的選擇，因為只有你知道如何衡量自己的人生。熱情才是追求卓越的最重要元素，如果你對一個領域充滿了熱情，那麼就要勇敢地擁抱你的熱情、花時間去投入，而初期是否創造收入並不是關鍵。

難題 13

缺乏敏銳的洞察力，不知所要進入的市場是否已經飽和？

如果有此疑問，表示已有具體想法或初步產品。接下來思考的是市場定位，找出真正的行銷戰場。

產品定位比市場飽和更重要

如果你有這個疑問，代表你已經有了具體的想法或初步的產品，接下來就是產品在市場的定位，美國行銷大師艾爾．賴茲（Al Ries）與傑克．屈特（Jack Trout）指出，真正的行銷戰場，不是陳列商品的地方，而是在消費者的心。

如果把消費者的心看成一座山，不同品牌在消費者心中的地位，可以概略分成四種高度，分別是成為市場的領導者、挑戰者、跟隨者、利基者。

1. 領導者

這是已經成功的產品才需要考慮，在斜槓的開始階段不需考慮。

2. 挑戰者

這對斜槓來說，面臨一個具有挑戰的市場，

產品定位需要更精準，同時耗費更多時間去建立品牌價值。例如，飲料外帶市場是一個過度競爭的市場，透過有機和產地限定也可以創造不同商機，但需要花時間爭取客戶認同。

3. 跟隨者

這是斜槓青年適合發展的地方，在逐漸成長的市場上，透過產品創新創造自己的優勢。例如，線上學習是一個逐漸成長的市場，但若能透過夠以遊戲化的APP或網站方式吸引學生，同時可累積點數，換獎勵或費用減免鼓勵學習，就可能擄獲不少這方面使用者的心。

4. 利基者

這也是斜槓青年適合發展的地方，不跟現有已存在的市場正面對戰，找到競爭少的小眾市場。例如，因應老年化來臨，可運用更多新科技，提早布局樂齡才藝學習和理財市場。

快思慢想，可提升對市場的洞察力

洞察力，顧名思義就是必須要看清事物的本質。《快思慢想》是我很喜歡的一本書，作者丹尼爾．康納曼（Daniel Kahneman）將人的思考分為兩個系統：系統一代表的是反射性的直覺思考，系統二代表的是按部就班分析的理性思考。一個深度的思考對培養洞察力至為重要，但有時過度分析和思考，往往容易陷入見樹不見林的思考盲點，只有在系統一和系統二的協調運作下，對事物的本質才能更清楚。中國人常說，「見山是山，見山不是山，見山還是山」也是相同意思。

例如，麥當勞是賣什麼的？表面上看似食品業（一般人直覺思考下的答案），但營運宗旨是速度和服務（按部就班分析與理性思考下的答案），然而，事實上麥當勞有五成營收來自房地產收入（這需具有各種資訊統合判斷的洞察力）。一般人透過產品思維可以了解市場定位，但具有洞察力的人，可以綜合公司財報和加盟策略來看清楚，公司真正的商業本質以及獲利模式。

刻意練習

培養敏銳洞察力，可以經過刻意練習。在《刻意練習》這本書中，特別強調練習的質比量更重要，一萬個小時的練習並非是成功的必要條件，例如，該書當中提到西洋棋高手腦中往往已經存在許多棋譜，並內化為自己的下棋模式，自然可以很快看出後幾手的棋路要如何下。因此在大量練習前，必須先找出一個可以有正向回饋的模式，透過練習精進，才不至於錯誤不斷地返來複去。

如果你想要分析判斷某一個領域或市場當中，是否還有自己可以發揮的空間（或者已經飽和不適合再跨入）？你可以先依照下列步驟先建立一個模式，去找出可行的能力有哪些，再進一步深度學習：

步驟一：寫下想法，有哪些工作是我渴望去做，同時市場也存在發揮空間的？

步驟二：有那些技能是你原本已經學會的？那些技能是必須另外學習的？

步驟三：將渴望的工作和技能之間的關係做連結，試著找出一個模式，開始進行刻意練習。

高手的提醒

只要人類的需求沒有滿足的一天，相對表示存在著無窮的機會被啟發。有了構想和產品後，你需要的是更清楚了解目標市場的本質，和產品的定位；透過快思慢想，你可以培養洞察力，讓你更清楚目標市場的本質；透過刻意練習，你可以深化你的斜槓能力，更符合市場所需。

難題

14 覺得這個社會趨勢還不夠成形，要更多時間才會成熟？

發展最好的人，通常是趨勢萌芽期，在領頭羊開出一條路後，最先找到市場定位的人。依目前環境面看，斜槓風潮正處於最佳發展時機。

提早卡位，先占優勢

不少人擔心趨勢還未成形，過早投入斜槓風潮，可能會事倍功半。事實上，我們從過去各種趨勢發展的歷史來看，最早投入的人屬市場觀念萌芽期，他們往往引領風潮，但可能因市場未成熟，無法持續發展；最晚投入的人，可能已經錯失市場蓬勃發展成長的契機，只能在紅海夾縫中求生存；而發展最好的人，通常是在領頭羊開出一條路後，最先找到市場定位的人。不過，依目前環境面看，斜槓風潮正處於最佳發展時機。

無庸置疑，當一九九〇年代網際網路的興起，帶動許多網路公司崛起，有許多網路公司一夕之間蓬勃發展，一窩蜂的掏金熱潮如雨後春筍般湧入，以為網路可以馬上帶來可觀的營收，過度追逐而股價膨脹的結果，導致二〇〇〇年網路泡沫。但有核心競爭力並穩健發展優勢的企業生存下來了，反而坐擁整個市場，例如，Google 盤據了搜尋引擎市場，PayPal、Amazon 引領了電子商務的風潮。

斜槓的趨勢正進入如火如荼的發展期

斜槓青年（Slash）這個名詞，最先是出現在二〇〇七年由《紐約時報》專欄作家瑪希．艾波赫（Marci Alboher）撰寫的《雙重職業》書籍中，因此，我們可以說斜槓青年的趨勢發展至今已經超過十年了。然而事實上，斜槓多元人生的發展應該更早於此，「自由工作者」（Freelancer）就是類似斜槓的概念，差別在於斜槓通常有一份正職工作、再加上其他的收入來源，而自由工作者就是「自雇者」，不受雇於單一公司之下；不過，有些斜槓青年也未必受雇於一家公司，因此這兩者的界線已經愈來愈模糊了。

近年來，可看到斜槓逐漸蓬勃發展的趨勢。例如，社群型態網路平台的發展，奠定了自媒體的基礎，慢慢地透過和粉絲的互動，找到彼此可以認同的價值，逐步邁向知識付費的時代。而台灣過去一年來，已經有愈來愈多和斜槓相關的書籍、課程、研討會推出，這意味著，目前正處於一個斜槓趨勢潮流加速拓展的時機，想要站在趨勢的前端，就得加緊腳步，積極接觸這方面的資訊。

機會是留給有競爭力的人

斜槓的精神並不只侷限在找第二份工作，而是你的知識和專業，可以在本業以外獲取認同，並產生價值，活出多元人生。有些人，如果純粹只是因為不滿公司現狀或薪水太低，以為多職就可以翻轉人生，為了斜槓而斜槓，那麼在這股斜槓的浪潮下，恐怕自食廢然而反的結果。

重點在於，你是否已經建立了你的斜槓「核心競爭力」，你的核心競爭力在市場上是否引起足夠認同度？如果沒有，就不應該為了斜槓而離開原本工作。因為如果你本身是缺乏競爭力的人，任職於一個企業體底下，基於公司和公司之間的業務往來關係，即便你個人缺乏競爭力，卻代表公司與其他上下游供應商間互惠往來而讓你有事情做，一旦你離開公司後，可能會沒有人要和你合作（抱歉這些話很殘酷，但卻又是如此真實地反映了，為什麼有些人表現平庸卻仍可以留在職場上有工作可以維生）。

高手的提醒

永遠不要等別人來安排你的人生，更不要佇足等待趨勢是否已成熟才來決定是否投入斜槓人生。真正認識斜槓精神，了解人生的多元發展是有可能的，特別是身處在自媒體和網路行銷多元發展的時代，知識有價、專業服務多元發展，事實上，商機已是無所不在，就看你是否準備好去迎接，能限制你的只有你自己。

難題 15

目前社會上仍缺乏較多的斜槓青年成功典範可借鏡？

幾乎每一位成功的創業家都會告訴你，有成功典範可以參考雖然很好，但是沒有成功典範更好。如果你確認了斜槓可以更接近你的理想生活，那麼就擁抱你的熱情去嘗試、去發展吧。

斜槓無所不在，只要你用心尋找

儘管斜槓青年這個名詞對許多人來說，仍相對陌生，然而事實上，台灣已經有許多成功的斜槓青年在各個領域發展得相當好，只是因為你還沒有仔細去了解這些人所扮演的多重角色，因此沒有意識到他們就是斜槓青年。

另外，倘若還在「青年」這個階段，往往知名度還沒有大到眾所周知，所以通常我們會知道的知名人士，已經不是青年，因此我們可以稱之為成功的「斜槓人士」。在台灣，許多的創業家或老闆都是扮演多重角色的斜槓人士，他們一方面是自己公司的負責人，同時也往往會參與相關的協會或團體，例如擔任所屬同業公會的理監事，或民間社團的幹部，或者擔任地區的村鄰里長。如果他所經營的公司規模夠大，那麼也可能會轉投資其他公司、擔任其他公司的董監事。

有成功典範很好，沒有典範更好

幾乎每一位成功的創業家都會告訴你，有成功典範可以參考雖然很好（你可以省得走很多冤枉路），但是沒有成功典範更好，為什麼呢？因為如果在你想要發展的領域已經有知名的成功典範，那麼代表全世界所有人都會參考他的發展路徑、學習他的過去經驗，那麼你面對的競爭者就太多了，你想要成功，就必須和全世界這麼多的「成功者的追隨者」相互競爭，你複製別人模式而來的，往往會被認為了無新意，唯有屬於原創的事物，會被視為珍寶。

《從 0 到 1》這本書，源於作者彼得・提爾（Peter Thiel），在二〇一二年史丹佛大學（Stanford University）開設的創業課程。作者是網路交易支付公司 PayPal 和軟體公司 Palantir 的共同創辦人，他所主導的創投基金，也擔任過 Facebook 和太空運輸公司 SpaceX 等數百家新創企業的早期投資者，並且擔任過 Facebook 的董事。

彼得・提爾認為，複製別人的模式比創新事物容易得多，舉凡做大家都知道怎麼做的事、提供更多熟悉的東西，這是由1複製成n，大家都會複製，因此能再創造的價值非常少（我的補充：這種複製的動作將來幾乎完全可以被機器人所取代）；相反地，創新則是由0到1，是獨一無二的，創新所創造出來的價值，遠遠超過那些複製得來的價值。

因此，如果在你感興趣的領域，目前尚且沒有成功的典範可以複製參考的經驗，若能奮身獨步在這個領域，那獲取非常高額的利潤也將指日可待。在商業領域以及經濟學領域，有所謂的獨占、寡占、獨占性競爭、完全競爭；獨占和寡占者的利潤，會是完全競爭行業當中參與者的數百倍甚至上千、上萬倍之多。

活出你精彩而亮麗的人生

姑且不談利潤，而就人生的發展而言，「一份固定收入的正職工作」是幫助一個社會新鮮人快速融入職場、獲取待人處事經驗的一條捷徑。因此，我非常鼓勵剛畢業的社會新鮮人要找到一份好的工作、進入一家好的公司，從一個能夠讓自己充分發揮與歷練的環境做為職涯發展的起步，而不會建議年輕人剛踏入職場就以斜槓方式來進行。

不過，經過五年、十年的歷練之後，在正職工作上已經有一定的歷練，通常，這一份工作對你人生的邊際效益已經大幅遞減，對很多人來說，真的只是為了一份薪水罷了，這時候你可能會考慮轉職，那麼，這就是你發展斜槓人生的好時機。因為當你會想要轉職的時候，往往是在現職上已經遇到瓶頸、或者不如意，想要換個環境、改變自己。

在你考慮轉換跑道的時候，往往也是自我檢討，自我評估能力與專長、考慮興趣嗜好，與重新檢視人生理想未來的最佳時機；在這個時候，除了一份新的正職工作之外，你也可以一併想想有沒有能夠和正職不相衝突，甚至相輔相成的第二專長可以發展為未來的斜槓。人生不能重來，所以建議你在每一次職涯發展上的重要轉折點，好好地檢視自己真正想要的人生是如何？發展斜槓是否可以幫助你實現更好的人生？

高手的提醒

如果你確認了斜槓可以更接近你的理想生活，那麼就擁抱你的熱情去嘗試、去發展吧。不要在乎有沒有其他成功者可以給你模仿或者複製經驗，因為你就是你，沒有人可以成為你。

難題 16

不知怎樣的學習模式才能夠趕上大環境的變化？

任何的主動學習都會有助於你，因為關鍵不在於你透過這些學習到底學到多少，而是你於你擁有不斷讓自己向上提升的內在動力。

具備職場贏家的三種習慣

在本書的第二題「要如何勇敢踏出舒適圈」裡，有提到學習能力強而成長速度快的人，往往有常與他人溝通互動、大量地閱讀、自主性學習的習慣，這樣的人總是能夠適應環境的變化，而且將來職場發生變革時，被革掉的通常不會是這些人，而且也往往是職場中高薪的一群、總是贏家圈的一員。本題將針對以上的三種贏家習慣，更進一步地深入探討並且提供具體的實用工具給讀者們參考。

在開始導入議題之前，我必須先強調，為何這三種能力可以確保你現在與未來都能夠趕得上大環境的變化。

習慣1 常與他人溝通互動的習慣

有兩大好處，首先是透過頻繁的交流與互動，有摩擦、有碰撞，才會得到更多來自他人的回饋而有檢視自己缺點與盲點的機會。盲點就是自己看不見，但他人看得見的部分，必須別人跟你說，才得以發現自己缺點、改正缺點，而讓自己變得更好，許多人少了這些人際間的互動關係，而活在自己的世界裡。其次，是透過與具有經驗的人互動，你可以藉此學習到他人的優點或經驗、或者針對自己不熟悉的事物經由請益他人來達到縮短摸索時間、快速成長的好處。如果你想要跟上大環境的變化，那麼大量的與不同領域的人溝通請教，絕對是一條省時省力的捷徑！

習慣2 大量閱讀的習慣

所有知名成功人士都有大量與廣泛閱讀的習慣，因為閱讀可以讓人的心靜下來思考，並且增廣知識、掌握世界的趨勢和潮流。你也可以反過來說，某些人因為大量閱讀而擁有較佳的競爭優勢成為成功者。

習慣3 自主性學習的習慣

包括報名各種訓練課程、學習外語、報考證照、培養第二專長等等，做這些事情，除了可以增加知識與能力以外，更重要的是，讓自己保持在「持續向上」的軌道上，那種不斷想要自我提升的心態和習慣，才是最重要的。職場上，往往受雇主歡迎的，未必一定是能力最強的人，而是好態度的人較占優勢。

此外，你必須深信你所付出的所有努力都會不斷累積，成為你未來成功的基石。基本上，你只要有這樣的信念，你就贏過許多不求上進的人了。

如何強化與人溝通的能力

在前述的三種贏家的常見習慣當中，與人溝通互動的能力可以說是最關鍵的，甚至應該可以視為每一位職場成功者的核心能力之一。溝通能力不僅被大多數的企業視為聘僱員工的關鍵能力項目之一，目前也是市面上多數職場相關教育訓練課程或者書籍講授的主題。

我很慶幸在自己十八歲的時候就發現了一本非常好的書，《卡內基溝通與人際關係：如何贏取友誼與影響他人》（*How to Win Friends and Influence People*），作者為戴爾・卡內基（Dale Carnegie），該書已經在全球熱銷超過三千萬冊，並以三十八種文字出版，目前在台灣就可以買得到二〇一五年新的中譯版。

江湖人稱S姐
這樣說

跟人學，能得到街頭智慧。
跟過去學，能學到經驗法則。
跟系統學，可以借力使力。
只要能夠學會這三件事：自律，彈性，做人。都能夠與時俱進。

該書放在開頭的「原則一：不批評、不責備、不抱怨。」是我個人二十多年來奉為圭臬的基本教條，而且在將近二十年的職場生涯當中，這個原則讓我受益匪淺。如果你缺乏有效溝通與人際關係這方面的知識或訓練，我強烈建議您應該要去看這一本書，並且將這些原則實踐在日常生活中。

高手的提醒

任何的主動學習都會有助於你，因為關鍵不在於你透過這些學習到底學到多少，而在於你擁有不斷讓自己向上提升的內在動力。擁有不斷自我成長動機、態度積極正面的人，絕不會是被未來世界變化給淘汰的那一群。

難題

17

台灣沒有知識付費習慣，很多創作或服務收不到錢？

個人品牌的知名度將是能否收得到錢的關鍵。

知識付費風潮已成形

知識經濟的時代已經來臨，這也代表知識是有價值的觀念，已經深烙在某一群正享受知識帶來服務的人心中。各類付費知識分享平台，在今年如雨後春筍般地出現。為何掀起如此風潮呢？難道過去只要單靠獨門絕招闖蕩江湖的時代，已經退流行了？在快速變化的年代，妄自以為不外傳的獨門祕技，或許一夕情況驟變，翻轉而成普通招式。不須懷疑，今天與時俱進和創新的能力，在知識經濟時代已顯得格外重要。

舉例來說，在網路剛興起的年代，你只要會架設網站和設計網頁，就可能是當紅的科技人，但隨著知識分享平台發達，當時獨步一時的盛況已不復見，隨著時間的推移，市場轉而更需要的是具備網路行銷能力和社群經營能力的人。換句話說，獨門絕技在跨入知識分享的世代後，保鮮期愈顯縮短，如何能夠快速獲取知識，在市場上搶得先機，或在工作上出類拔萃，付費取得有用的知識，就是一件逐漸被認同而且正在蓬勃發展的趨勢。

進入知識經濟時代後，人們為了獲得知識而付費，儼然已逐漸成為常態。例如中國大陸許多滿腹經綸與才華洋溢的人，藉由網路媒體和平台，讓有需要的人付費來購買這些知識內容或者屬於個人技能上的服務，包括：微信公眾號、新浪微博、新浪博客、百度雲端、網易雲課堂、喜馬拉雅ＦＭ、逍遙遊博客、在行、知乎、得到、豆瓣、簡書、荔枝微課堂、分答……等等。

MissAnita 御姊愛
這樣說

會有這種問題，是因為發問者的頭腦裡裝的還是過往銀貨兩訖的舊思維，過往的商業模式是「甲方有產品，某A跟甲方買」，也就是買家跟賣家付費。但現今的商業思維則是「甲方有產品，但甲方想想，只能賣給A實在太少了，於是甲方乾脆讓產品先免費，結果ABCDEFG都來用產品了；人一多，甲方紅了（市占做大），其他擁有資金的乙方也想來合作了，事業愈做愈大。此時，甲方再開設一些服務升級的VIP方案，把原本習慣服務的免費客戶搞得心癢癢，變成付費VIP客戶。」

換句話說，在這個人人都能拿起麥克風開起直播的年代，誰能擁有較高的識別度，誰就擁有較大的市場潛力。如果你是Nobody沒有知名度，你的知識就沒有市場價值，唯有先建立個人品牌，知識才有機會有價。而要讓人們持續付費，這項知識必須有對價關係，對方確實因為你的知識得利了（富裕了或開心了或健康了……），才能繼續下去。

人脈就是錢脈，有粉絲就能變現

個人品牌的知名度將是能否收得到錢的關鍵。眾所皆知，股神巴菲特對於景氣的看法，被全世界看重的程度當然遠遠大於一般的分析師或經理人。例如二〇一七年「與巴菲特共進午餐慈善競標」最後得標價將近二百七十萬美元，約新台幣八千萬元，或許你覺得這是個太誇張的數字，但無庸置疑，以巴菲特的粉絲遍布全世界達數百萬人，印證出得標金額相對於粉絲人數愈多，變現金額絕對愈高的道理。

在個人品牌經營上，最需要的是獨特性或個人特色，有兩種常見的做法：

1. 擁有單項特別突出的特質，聚焦深耕發展

以金融投資這個領域為例，《高手的養成》作者安納金的強項在於獨特的「投資心法」，是一般財經部落客較少談及的層面，因此也成為想要透過學習心法提升自己績效的投資者，所認定的首要考量人選；《暗黑操盤手的告白》作者賈乞敗號稱「百億私募基金操盤手」，是國內少數擁有百億元等級的國際私募基金操盤經驗的人，在期貨的交易風險控管領域被視為先驅，因此很早就享有盛名，而且歷久不衰；「大佛」李其展，則擁有外匯交易市場法人圈的多年經驗，專精於全世界外匯市場的即時分析與犀利的判斷，因此受邀演講、授課、上電視節目的通告不斷；《華爾街操盤手給年輕人的15堂理財課》作者闕又上，是目前台灣少數在美國華爾街操盤的基金經理人，也具有高度的獨特性；《6年存到300張股票》作者陳重銘是高職老師，卻能夠靠存股方式，在未屆退休年齡就已提早達到可以穩穩退休的財富水準，堪稱軍公教人員投資理財領域的典範。

因此，單就以金融投資領域來說，就存在著各種不同的市場區隔，區分出許多的小眾市場。上述這幾位財經部落客並沒有股神封號，也並非全方位樣樣精通，而是在某一方面表現特別突出，就被冠以頂尖人士封號，吸引廣大讀者與鐵粉的支持，上述這幾位部落客都在短短一、兩年之內，在社群就累積達到數萬名的粉絲追蹤，顯見獨特性的重要。因

此，你只要有單一才能特別突出，自然就可以在廣大的市場當中取得利基，被視為傑出人士，並不需要樣樣精通。

以上僅以金融投資圈為例。也可以檢視你所屬的產業，或者打算投入的新領域，當中一定會有不同屬性的需求和市場區隔，而你不需要什麼都會，只要擁有單項特別突出的特質，聚焦深耕發展，滿足其中某一項特別的需求，你就能夠從中收費。

2. 多種特質混和之後的個人價值

或許你並沒有在單一的特質或才能上特別突出，但是因為混和了多項特質或才能，讓「整體組合」構成了一種特色鮮明而且辨識度高的狀態，那麼也會擁有廣大的粉絲。

同樣在網路上知名財經部落客當中，Mr. Market 市場先生兼具多重身分：作家／部落客／講師／投資理財教練／團購主／網路行銷教練，雖然他本身不是投資分析師出身，針對股市操盤的經驗也不是最突出，然而他多元的興趣、廣泛涉獵財經知識之後，詳盡地闡述個人的學習和閱讀經驗給一般投資大眾參考，間接幫助了不少許多想要學習投資理財的人，他的粉絲人數有七萬多人，遠超過前述單一領域專家的水準。

精準行銷，有需求就有價值

很多創作者會擔心，自己創作的文章或提供的知識無法收到錢，所以遲遲不敢收費，這種擔心是很正常的。在台灣，為知識付費的觀念才正開始慢慢普及，不論在收費模式、定價、市場接受度等，都還未取得大眾一致的意見，但這就是知識經濟的特色，對於有用的人，毫不猶豫立刻付費、甚至願意用高價取得專業知識。例如「安納金國際洞察」ＶＩＰ訂閱平台上的讀者，對於安納金所提供的國際金融市場行情及時判讀，以及第一時間提供的全球政經新聞事件分析，都有迫切的需要，晚幾天知道或許就錯失先機，因此對這一群需要及時取得最新市場行情判斷的人，付費訂閱對他們來說，既合理又倍感物超所值。

知識工作者最需要的是了解你的目標客戶，進行精準行銷，事實上，並不需要為了取得大量的點閱率或者衝高網站流量，而試圖「什麼都包」去取悅所有人。正如同前面所說，不同領域的知識和專業都有不同的客群，其價值感、時效性的需求也因人而異。你只要精準地找出自已最具優勢的定位，然後針對該定位提供高品質的產品或服務，或知識內容，那麼就能夠更快地吸引到對的目標客戶。

若是你還無法在市場上建立付費的客戶群，那麼可能是你的產品或服務，在獨特的品質或專業的深度上，相較於市場免費取得的差異性相去不遠，或是你鎖定的目標族群，並非最適合你的產品或服務。這時候，除了必須提升自己產品和服務本身的水準之外，建議你多增加在網路群組間的交流互動機會，藉以了解不同類型客戶的需要，同時建立與粉絲間的信任感，先信任人，再信任產品，這是個人品牌經營成功的核心價值。

高手的提醒

知識付費的時代已經來臨，不是擔心創作收不到錢的問題，而是如何找到一群認同你的鐵粉，做精準行銷。認識自己的優勢在哪裡，認清市場的需要在哪裡，將你的優勢強化到可以滿足市場的需求，自然吸引鐵粉願意選擇付費來擁有，這也是個人品牌經營的基礎。

難題

18 台灣的市場太小，靠自己創業似乎很難賺到大錢，該留在台灣嗎？

品牌的影響力都是由小眾開始，進而帶動一股風潮；以台灣作為創業初期的試驗場所，失敗再重新來過的成本會比國外來得低許多。

先建立起小眾市場的成功模式

許多人會覺得台灣的市場太小，但市場小不代表機會少，應該要先聚焦在你的產品或服務，可以從市場中吸引到哪些人開始著手。小眾市場是屬於認同感強，有共同興趣，若你的產品或服務可以產生共鳴，那你已經開始建立個人的品牌形象了。事實上，品牌的影響力都是由小眾開始，進而帶動一股風潮，接下來逐漸吸引大眾關注，並開始產生認同感，進而擴散到更廣大的市場。

舉例來說，自一九八〇年代CD唱片出現後，黑膠唱片從此就成為少數懷舊迷的小眾市場。但近年來，因線上音樂和盜版造成實體唱片市場急速衰退，唱片公司推出幾張經典復刻版黑膠唱片尋求突破，經由黑膠懷舊社群熱烈討論，卻意外引爆黑膠唱片大為流行，連過去未曾聽過黑膠唱片的年輕世代也熱烈參與，此風潮擴散到世界各地，竟成為唱片公司近年的金雞母。

實力都是從小到大逐漸累積，而知名度也是經由大眾傳播媒介逐漸擴散開來的。台灣的自有品牌發展相當多元而且成熟，許多都是先由台灣本土市場發跡，之後再進軍到國際市場，因為在台灣的企業營運成本很低（包括水電、人力成本、律師、會計師等費用都不高），以台灣作為創業初期的試驗場所，失敗再重新來過的成本會比國外來得低許多。

台灣多元發展，適合發展斜槓

台灣市場雖然小，但卻是一個多元發展的地方，在音樂和文化創意等產業占有強大優勢。創新能力強和嘗試新事物意願高，是台灣市場普遍被認同的特質，這也是許多國際大品牌要進軍華人市場，台灣是首選啟航點的原因。

許多人以為選擇大市場成功機會比較大，但不可否認其競爭也較大；事實上，一個大的市場更細分區域或城市，且彼此間也存在相當的差異性，除非，你的產品具有跨文化或跨區域皆一體適用，並且夠強大到必須跨足海外市場發展才能成功，否則對大多數的斜槓者來說，打國際級的市場不是必要選項，在財力上也並非可以負擔的。

台灣具備企業營運成本低之優勢，如果能夠善用英文以及網際網路無遠弗屆的觸及能力，是可以從台灣作為根據地、打到國際市場的。安納金從二〇一六年開始，在網路上撰寫第一篇文章至今，已經擁有美國、中國大陸、香港、新加坡、馬來西亞等地的華人讀者，如果再授權將文章或書籍翻譯為英文版，便可以觸及更多網路上以英文為主的讀者。知識經濟時代，這些知識內容都是可以即時轉譯為不同語言、在網際網路上行銷的，只要是高品質的內容，自然吸引對該領域求知若渴的讀者。另外，別忘了中國大陸有十四億人口，只要能夠打進中國大陸市場，基本上，就讓你生意接不完了。

善用在地優勢把根基穩固

在現代的商業環境下，尤其是透過網路行銷，國界也愈來愈不重要，反倒是你的事業根基（草創的前幾年所建立的商業模式，以及選定的核心競爭力）最重要。目前全球籌資管道最多而且創新人才最密集的地點，在美國的矽谷、舊金山，以及中國的北京、上海和深圳；眾所周知，因為集結世界各地的菁英匯聚一堂，也將這些地方變得最為競爭，然而只要你具備國際級的競爭力，選擇最大的舞台去打拚，也最容易被看見。

當然，如果你初期還不具備國際級的競爭力，就要善用在地的優勢（Home-market advantage），運用熟門熟路、溝通容易的優勢，先在自己最熟悉的市場把根基建立起來，初具規模之後，再以擴展海外據點的方式打入較大的市場，甚至將總部移到國外也可以。

無論你從哪裡開始，首重累積人脈

每個人在新事業發展初期，都希望有貴人相助，可以給你及時的幫助、縮短成功的時間，甚至在陷入危機的時候能夠幫助你度過難關。人脈就是錢脈，而人脈往往比資金更顯重要，因為好的人脈除可以支持你所需的資金，還可以提供資金以外的協助，例如幫你解決法規或法律上的問題、引介該領域重要人士給你、提供專業能力上的協助，或分享他們累積的經驗等等，這些資源往往不是金錢就能買到，而是建立在友好的關係上。

以台灣人而言，若要直接到海外建立事業，除非你在國外出生或長大，否則只憑幾年待在國外未必能夠取得當地人對你的信任，尤其亞洲人在白人的世界並沒有優勢（其實是劣勢），我們三位作者都在國際最頂尖的一流企業工作，也輪調了國外許多城市，和不同種族的人一起共事過，對「你的家鄉永遠是最支持你的地方」這道理，有著更深一層的體會。

高手的提醒

要先了解自己的核心競爭力是什麼，適合在哪一個國家或城市當作根據地往外發展，並不是最大的市場就一定是最適合你起步的地方。愈大的市場競爭愈激烈，反而選擇最熟門熟路的地方開始，打好事業的根基，相信更容易走得穩、走得久。

難題 19

少子化對台灣社會整體影響，會不會也影響斜槓青年的發展？

少子化並不會是斜槓青年的阻礙，而影響斜槓青年發展最關鍵的兩大因素：一是社會風氣、二是一個斜槓青年活躍的基礎建設環境。

中國大陸一胎化結果，斜槓青年最多

目前全世界斜槓青年發展最成熟的，是中國大陸。儘管中國大陸自一九八〇年代以來實施一胎化政策，直到二〇一五年十月，在中共中央十八屆五中全會宣布全面二胎，實行三十五年的一胎化政策正式走入歷史，然而，這個狀況並沒有影響到中國大陸的斜槓青年發展。少子化並不會是斜槓青年的阻礙，而影響斜槓青年發展最關鍵的兩大因素：一是社會風氣、二是一個斜槓青年活躍的基礎建設環境。

社會是否鼓勵年輕人創新與創業？

斜槓青年發展所需的社會風氣，主要是看社會當中是否鼓勵年輕人創新與創業、是否支持多元化的工作型態以及生活模式。

根據《中國青年報》社會調查中心聯合問卷網，在二〇一七年十月，對一千九百八十八名十八歲到三十五歲青年所進行的調查顯示，五二・三%的受訪青年確實對斜槓青年有相當的理解程度，其中一一・一%的受訪青年自認為已經是斜槓青年，四六・三%的受訪青年想成為斜槓青年，可見斜槓青年在中國大陸的普及率以及接受度是非常之高（你可以留意，這份問卷調查的對象是以十八歲到三十五歲青年所進行的調查，推算適逢一九八〇年至二〇一五年中國大陸實施一胎化三十五年的時間點，這些受訪者全部都是一胎化政策下的寶貝喔）。

尤其是北京，幾乎是中國斜槓青年的滙集中心，這與中國政府於二〇一五年九月二十六日公布的「大眾創業、萬眾創新」政策直接相關，尤其在中國大陸這麼人治的社會中，由政府來主導與鼓吹年輕人創新與創業，更是引領整個社會風氣轉向的舵輪。

這股風潮，鼓舞著許多來自大陸內地年輕人，嚮往憑藉自己獨特的才華與技能來實現獨立、謀求發展的生活模式，毅然決然選擇「北漂」（也就是飄向北方，指隻身前往北京發展）去闖一闖。這就像過去幾十年，來自世界各地有才華的年輕人競相湧入紐約闖一闖，是相同的道理。只要當地的社會風氣鼓勵個人創業以及獨立自主蔚為風潮，自然吸引人才匯聚。

此外，中國大陸對於「知識付費」的風氣也是發展得相當先進的，在大陸許多擁有知識與才華的人，藉由網路媒體和平台得以展現自己專業獨特性，讓有需要的人付費來購買這些知識內容或者屬於個人技能上的服務。例如：微信公眾號、新浪微博、新浪博客、百度雲端、網易雲課堂、喜馬拉雅FM、逍遙遊博客、在行、知乎、得到、豆瓣、簡書、荔枝微課堂、分答、小蜜圈、貴圈、一直播……這些都是中國大陸的知識青年透過以上網站提供個人知識和能力，服務相關需求以獲取收入的平台。直至目前，中國在知識付費平台方面的發展領域可以說已經領先全球，甚至超越了歐美日等先進國家，最重要主因在於，中國政府對於新創展業的發展給予高度的支持。

斜槓青年發展需要哪些基礎建設？

能夠幫助斜槓青年發展所需要的基礎建設，不同於傳統的鐵路、公路、機場、水電瓦斯那些公共建設，需要重視的關鍵在網際網路的普及、行動裝置的普及、以及便利的交通……那些有助於人們互動以及資訊交流完善的環境。北京、紐約、東京、倫敦、巴黎、台北、首爾、上海、深圳，這些交通便利而且網路普及的大城市，顯然是最適合斜槓青年發展的中心。

斜槓青年與傳統創業者最大的差別在於，前者主要靠的是個人的知識與才華作為核心，而後者需要一筆資金注挹以協助創業。斜槓青年往往不太需要資金作為後盾（也因此中國大陸許多內地人北漂發展，是沒有帶錢的，自己一個人帶著腦袋就去了），因此更需要資訊流通快速而且可以大量觸及人群的平台，以充分地展現自我才華與能力。在前面所提到的中國大陸知識付費平台的普及，也算是基礎建設的一環。

高手的提醒

台灣的少子化現象並不會影響斜槓青年的未來發展，因為少子化趨勢，與斜槓青年發展趨勢兩者並沒有絕對的關係。你該留意的是台灣的網路社群平台，以及民眾的知識付費觀念是否普及，只要你可以找到合適的平台去展現自己的才華和能力，那就勇敢去嘗試吧。

7

CHAPTER

家人或朋友牽絆的問題

沒有人的另一半或家人會不希望看到你的功成名就和收入大增的，他們怕的只是「你自認為會更好而實際結果是更差」這樣事情的發生，會讓他們失去安全感、失去生活保障。

難題 20

怕另一半或家人的反對，怕家人或朋友說自己不務正業？

若你希望你的另一半或家人支持你發展斜槓青年路線，那麼我們會建議你至少要達到 Must 的水準，不然寧可先不要提這件事，因為他們不太可能會支持你。

通常家人擔心的是財務以及面子問題

陳重銘老師說：「我的岳父母一家都是公務員，一開始很反感我投資股票，認為那是賭博。但是我堅持做對的事，投資股票靠著好公司來幫我賺錢。二十幾年過去了，公教的退休金被砍了，但是我的股利完全超過退休金的損失。不要怕別人反對，『擇善固執』最重要。」

通常另一半或家人會反對你成為斜槓青年，或者怕你不務正業，十之八九他們真正擔憂的不外乎財務穩定性，以及面子的問題。試問，如果你當斜槓青年的收入比原來多、知名度也比原來高，你的另一半或家人真的要反對嗎？應該是求之不得吧。

黃一嘉分享他個人的經歷說：「家人的反對

是必然，因為你在這件事情上還沒有成績。在我辭去金融業優渥工作成為演員的初期，我在家中客廳都會擺放一本筆記本，天天寫上自己哪幾天有戲要拍、哪幾天要去哪裡試鏡新廣告、哪幾天去哪個劇團排練或上表演課。就算早出晚歸與家人們彼此難以碰到面，他們都可以透過筆記本知道我沒有在混，而是專注在演員的工作上努力奮鬥。隨著時間的經過，當我拿出我在電視螢光幕上的主角演出時，家人的反對都已經化做強烈支持！」

在你還沒達到 Must 基本水準前，先不要跟家人提

在人力資源管理的領域，我們常用 Must（基本必需水準）以及 Want（希望達到水準）來衡量一個人的才能以及發展。若你希望你的另一半或家人支持你發展斜槓青年路線，那麼我們會建議你至少要達到 Must 的水準，不然寧可先不要提這件事，因為他們不太可能會支持你。〔圖20-1〕（參見P146）是讓家人支持你走斜槓生涯的 Must 以及 Want，但以「放棄原有的正職，去憑自己的興趣發展或者創業」為標準。

從〔圖20-1〕我們可以發現，Must（基本必需水準）是要維持現有的水準、或者至少不

	Must（基本必需水準）	Want（希望達到水準）
財務面	取代原本正職收入的至少六成以上，而且必須滿足家庭基本開銷	超過原本正職的收入
名聲面	不要讓外人說閒話	超過原本的名聲
其他考量	不要損及健康、不要拖累家人	讓家人的生活更快樂

〔圖 20-1〕 **讓家人支持你離開正職、發展斜槓的 Must 以及 Want**

能差太多；而 Want（希望達到水準）就是要比原來更好，而且「有感」。因為家人通常會需要安全感，而你放棄原有的正職就是一個帶來不安全感的重大改變，如果無法達到 Must 的水準，我誠懇建議你繼續維持正職，並且多花一點時間去讓自己有把握達到 Must 水準之上，再跟家人討論改變職涯的議題，這可以避免不必要的夫妻不睦或者家庭革命。當然，如果你很有把握可以達到 Want 水準，那麼請拿出具體的證據以及未來規劃、勇敢地向另一半或家人提出吧。

如果只會更好不會更差，誰要反對？

「放棄原本的正職」這件事情是會讓所有人擔心的，姑且不論你有什麼想法或規劃，光是提出放棄正職

	Must（基本必需水準）	Want（希望達到水準）
財務面	超過原本的正職收入	收入明顯比以前多
名聲面	超過原本的名聲	功成名就
其他考量	讓家人的生活更快樂	家人的生活品質與幸福感明顯提升

〔圖 20-2〕**讓家人支持你有單槓再斜槓的 Must 以及 Want**

這件事情，你的另一半或家人九九%就會先反對了。因此，我會建議你先穩固單槓（正職），在先不放棄單槓的前提下，開始發展斜槓。也就是說，你繼續維持本職而利用多餘的時間去發展第二專長和興趣，讓第二專長和興趣創造出來的價值慢慢產生收入，逐漸達到原本正職收入的一半以上時，你就可以逐漸將重心放在後者、去加速拉高後者的收入。在正職以外的所有收入（包含投資理財所得），合計已經超過了原本的正職收入的時候，才考慮是否放棄原本正職。在這樣的路徑下，你面對的是〔圖 20-2〕所示的狀況。

面對〔圖 20-2〕的狀況，將來只會更好不會更差，還有誰會反對呢？因此，本書的核心邏輯是不要你為了斜槓而斜槓，而是先穩固本業，讓你的整體收入極大化，一直到本業為你帶來的收入已經明顯比不上你的新職能，為了更有效益的運用時間，讓你不得不放棄本業時，才放棄原本的正職而完全投入新的領域發光發熱。

你的才能發光發熱的時候，周遭親朋好友是最大受惠者

沒有人的另一半或家人，會不希望看到你的功成名就和收入大增的，他們怕的只是「你自認為會更好而實際結果是更差」這樣事情的發生，會讓他們失去安全感、失去生活保障。

因此，有兩件事情，我認為是跟家人溝通放棄原本正職而走斜槓路線最重要的準備：

1. 先有具體的證據

「你自認為會更好」這件事情必須轉變為「一定會更好」。為了達到這個轉變，你就必須先取得未來確定的收入證明，例如來自新領域的訂單、新公司和你簽訂的聘書或契約（offer letter／contract）、或者你已經接到的專案合約……等等。

2. 充分而誠摯地溝通

另一半或家人通常不是真的要阻礙你的自由發展，他們怕的是你只因一時衝動所做的決定。因為許多人離職或轉換跑道的原因，是因為和原本公司的同事處不好、有糾紛或者

某些的心理不平衡，導致想要離開公司、改變環境。在這種情況下，其實有問題的可能是你自己，如果你自己沒有改變，那麼轉換公司或轉換跑道的結果也未必會更好。因此，你一定要充分而且誠摯的和另一半或家人溝通，讓他們百分百確定你不是因為情緒或不滿，而是確認了自己將來有更好的發展前景（搭配前述第一點的證據），必須取捨而離開你原本熱愛的那一家公司。

高手的提醒

你的另一半或家人，怕的不是你的未來發展不會好，而怕你只是短暫的一時情緒或想逃離職場。光憑情緒和幻想，是無法讓另一半和家人安心的（連身為此書作者的我也無法認同），請務必準備好了具體的證據，再開始充分而誠摯地溝通吧。

難題 21

父母管太多，孩子即使已經結婚也還在父母羽翼之下，缺乏獨立性？

父母保護你的本意是為了避免你受傷，但無論你的父母管你多少、未來能夠給你多少資源，你都必須謹記在心的一點，是你必須為自己的人生下半場負責。

保護你是為了避免你受傷

通常會覺得父母管太多的人，普遍是家境比較好的人，由於不希望自己的小孩在外面受傷、被騙，因此會保護得比較多，而給的獨立性比較少。如果你是屬於這一種狀況而感覺到自我發展受限，那麼我要先給你一個正確的心態：「凡事都有一體的兩面，沒有絕對好，也沒有絕對不好。」

基本上，家長有時間或者有能力保護你比較多，那就代表他們能夠給的資源比其他貧瘠拮据的家庭還要更多，這些是你將來發展事業，無論在資金或人脈資源上，他們能夠給你的比較充裕，所以不要埋怨或怪罪父母管你太多。當然，如果父母資源貧乏又管你太多，那麼，你就要視為這是磨練你意志力與能耐的機會。

你要為自己的人生下半場負責

無論你的父母管你多少、未來能夠給你多少資源，你都必須謹記在心的一點，是你必須為自己的人生下半場負責。因為如果你目前已經三十五歲，那麼代表你的父母可能已經六十至七十歲。當你進入人生下半場（四十五歲過後），你的父母可能已經老到沒有行為能力或者已經不健在了，只有你能夠照顧自己、照顧你的家人。

因此，父母能夠管你或者影響你的時間是有限的，你必須在他們還能管你的時期之內，自己做好準備，因為你不會知道何時，你必須肩負起家庭的責任。如果你還在父母的羽翼下而無法獨立自主的話，那麼代表他們保護你免於生活中的某些挑戰或挫折，因此你會有比其他人更多一些的自由運用時間（其他人則還在努力掙扎求生存、或者在挫折當中被困），我會建議你多看書、善用被保護的這一段安全無虞的時間，多培養個人興趣以及第二專長。

在本書的第十六道難題：「不知怎樣的學習模式才能夠趕上大環境的變化？」所建議的三件事情，就會是你在受父母保護或管教期間，最值得花時間做的事情：常與他人溝通互動、大量地閱讀、自主性學習。

先有好成績，才會有好肯定

「在父母眼中，我們永遠都是小孩子」這種現象是無可厚非、你也無法抗拒的事情。不過，如果是因為你個人的不求上進、不求獨立、不敢負責任、依賴性高，因而造成父母必須要多保護你，那就是個嚴重的生涯發展錯誤了。

無論你是因為自己的懦弱而造成父母過度保護，還是反過來，父母過度保護讓你的獨立自主發展機會受限（不過通常前述兩者都是會有正增強的相輔相成效果，造成現在的你），最好的解決方法，就是多多主動展現出你的「個人成績」（指的不是父母幫助下你所得到的成績，而是你真正靠自己所創造出來的價值或外界肯定）。唯有你不斷證明你能夠靠自己創造出好成績，於是你的父母才會認知到：「啊！原來你已經長大了！」因而敢漸漸地放手，讓你試著獨立看看。因此，先靠自己創造出好成績、拿出證明給父母看，他們才能夠肯定你的獨立性。

高手的提醒

「望子成龍望女成鳳」是大多數家長們共同的心願，只要你能夠持續不斷地向父母證明你能夠靠自己有所成就，沒有父母會想要阻礙你發展的。如果你認為現在該是時候讓父母放開雙手讓你獨立自主了，那麼勇敢拿出你的證據吧！

難題 22

擔心失去更重要的人事物，希望工作和生活平衡，多職會不會太忙而失去生活品質？

人生是不斷取捨與作決定的堆疊旅程，只要將過程做動態的彈性調整，你可以全部兼得。

多職讓生命更多元更平衡

現在不少人，即使在工作上賺到了錢但也感到不開心，覺得生活枯燥乏味，心想：「難道我就這樣過一輩子？」如果你是這類型的職場工作者，成為斜槓工作者不失為改變生命的好選擇，藉此可以擺脫一成不變的生活。

事實上，大家可以發現，對於感興趣的事情，總是有用不完的精力，恨不得一天有四十八個小時可以工作。依據我在職場上多年的經驗與觀察，何謂工作和生活平衡？就是：「擁有愈多選擇權空間的人，愈能達到工作和生活平衡」，否則，處於被支配的工作角色下，你實在很難做到工作和生活平衡。但這和財富並沒有絕對關係，例如，台灣首富郭台銘日理萬機，太多人事物都需要他作決定，雖擁有巨額財富但也很難達到完美平衡。所以，平衡工作和生活的另一個可行方向，是一個可以融入生活的工作，有很多斜槓工作者都循此一方向來達成。

斜槓是一個讓你拓展人生選擇的好方向，過去所謂人生規劃都是以退休為起始點，但在目前多元發展和新科技推陳出新的環境下，很多事情都可以利用零碎時間或在家完成，擺脫了空間和時間的限制，能限制你的就是有你自己。

只要拉長時間幅度來看，人生其實可以兼得

害怕失去重要的人事物？這擔心可能讓許多事因此裹足不前；重點不在害怕失去，而是該因應不同狀況，做動態的彈性調整，不被牽制在一個固定的比重。家庭、工作、朋友、健康，是人生的四大支柱，缺一不可，但這並不表示，你因為工作忙，為了健康，就永遠不加班熬夜；你因為要和家人聚餐，就放棄該完成的工作。

人生是不斷取捨與作決定的堆疊旅程，只要將過程做動態的彈性調整，你可以全部兼得。如何動態調整呢？只要拉長「時間幅度」來看就行了，不要因為短視而困住了自己。

比如說，你若想每天都兼顧以上四者，那麼幾乎不可能做到；如果你是以每週的角度來衡量，那麼達成機率較高；如果是每個月的角度來衡量，達成機率又似乎更高了；若以每年來衡量，那麼你肯定可以做到。

為了熱情而忙碌，總比無趣地閒著好

斜槓可以扮演家庭、工作、朋友和健康上的潤滑劑，有多少人憂心中年失業不保，心情憂鬱，藉由投入斜槓的熱情，也容易感染到你的家人和朋友，讓他們成為你的助手或支持的力量。人因夢想而偉大，而熱情和愛，是這個世界最容易傳遞的力量，思考一下，你對生命的熱情和對家人朋友的愛是否可以再更多一些？相信斜槓是你的好選擇。有些人希望工作不要太忙碌、有較多的時間陪另一半和家人，然而，更多時候卻將時間耗在無意義的上網、漫無目的地看一堆影片或八卦文章，家人並沒有感受到你的真心陪伴。

事實上，根據調查，許多退休人士在離開職場之後，因為沒有第二專長和興趣，因而生活失去重心，在家庭關係、身體健康方面都比工作時來得差，甚至於有些公司的高階主管在職期間一切都很好，退休之後身體、心理、人際關係都大幅下降，而過得非常不快樂也不適應。

若你感到生活和工作是一成不變，鼓勵你儘早投入斜槓行列，這是確保你對人生可以持續保有熱情與衝勁、甚至幫助你延長壽命的一條道路。

高手的提醒

人生很簡單，只因為我們的思緒太複雜。家庭永遠是生活的重心，靜下心來思考，人生是一場時間有限的拼圖過程，除了現有工作外，還有什麼是你想完成的。在工作上，你擁有多少時間分配權；退休後，退休生活準備好了嗎？若要兼顧家庭生活，試著讓家人和朋友參與或了解你的斜槓之旅，相信你不但不會失去重要的人事物，還會得到更多的親情和友情。

難題 23 斜槓青年的收入會不會相對不穩定，而讓家人缺乏安全感？

多數不敢嘗試斜槓人生的上班族，普遍都是害怕收入的不穩定因而缺乏安全感。最佳的解決之道，先穩固單槓，再開始斜槓。

給剛步入職場的社會新鮮人

如果你是社會新鮮人，還沒有一份穩定的收入，也無任職過任何一家公司的經驗，我建議先找到一份能夠展現你核心專長的公司職務或者是屬於你感興趣的產業，從一個全職的員工開始，斜槓就不是優先考慮的選項。

因為社會新鮮人的第一份工作最重要的目的在於學習，包括人際關係與職場倫理的學習，跨部門溝通協調或與上下游廠商互動的歷練，這些都是必須由公司當中比較有經驗的老鳥或導師來帶著你、有人教你才容易上手，自己摸索，很可能四處碰壁而進退維谷、浪費時間。

如果一畢業就直接當個自由工作者，就少了以上這些社會化的技能，除非你確定能夠找到有經驗的老手帶著你起步，否則毫無社會歷練的狀態下，直接走斜槓青年或自由工作者的路線，確實對你的職涯發展可能因為跳過了某些環節、少了某些能力，因而在社會上行走時遇到問題無法解決，或者被占便宜、吃悶虧，也不知可以向誰求助。

給已經在職場工作好幾年的人

如果你已經在職場好幾年了，不想破壞當前的穩定收入而安於現狀，那麼你必須問問自己以下幾個問題：

1. 你確定可以穩定多久？這個職位在你退休前真的會一直存在嗎？（你必須把未來人工智慧、機器人等科技發展的影響也考慮在內）

2. 你服務的公司或單位，真的可以養你或你家人到屆滿退休年齡嗎？（你想要公司給你保障，但是未來世界是否也讓公司的存活受到保證呢？）

3. 就算是穩定，會不會是穩定的低？而你和家人值得獲得更好的生活水平？（想想你是否一直少拿了自己真正該有的薪資水平，究其原因，是否來自你不願意面對改變？）

前面的兩題的答案，都不是現在職場上多數人可以確定的。在本書的前三章已經有提供相當多的觀察以及最新現況的佐證，因此不再贅述。

第三題的答案，可能只有你自己最清楚，但也可能甚至連你自己都不清楚。所幸目前台灣的就業市場還算是相對具有效率的（因為轉職容易，工作機會也算多，全繫於求職者抉擇罷了）。

也由於就業市場有效率，使得你目前的收入大致反映了「你目前在職場上所創造的價值」，或者更貼切地說，目前收入是反映了「你目前在該職務上所展現的能力水平」。

但是，如果你目前所處的職務並不是你個人真正的核心能力所在，也就是說你把自己放在職場上不對的地方了，那麼你目前的收入很可能是低估的，因為每個人的核心能力不同，因此競爭優勢也不同，如果你目前職務是恰好能夠展現出你相對優勢的核心能力，那麼你就會獲得較高的評價，而有效率的就業市場會回饋給你較高的收入水準。

你不爭取，沒有人會為你爭取

可惜在台灣的就業市場環境，很顯然是買方市場，而不是賣方市場，也就是說，雇主幾乎可以全權決定你的薪資待遇、決定你的升遷／加薪與否，而員工都是價格或條件的接受者，很難主動爭取，也通常屬無效爭取。因為雇主或主管往往給的回覆是：「公司有公司的制度啊，就算我願意幫你，也必須尊重現有制度以及公平性。」

台灣這樣的職場環境，使得不少上班族目前所在的職位以及薪資待遇，因為多年前、甚至一、二十年前進入公司之後，就安分守己地做到了現在，也沒有想太多、沒有想要換跑道，於是就順著公司制度的安排直到現在。然而，許多人的核心能力或者競爭優勢，並不是在社會新鮮人剛踏入職場的階段就知道的，而是隨著時間流逝，累積許許多多的試煉以及嘗試之後，有些成功有些失敗，有些成果有些挫折，才會漸漸發覺自己真正的核心能力和競爭優勢在哪裡。但是往往當你找到自己核心能力和優勢的時候，卻也在現有的公司或工作上處於相當穩定階段，因此更不願意或不敢踏出舒適圈來冒險。

以我待過國際級大型企業多年，也曾經跨國工作、並與全世界各種不同人種一起共事的經驗，我可以大膽地說，在台灣的上班族，因為不敢跨出舒適圈而造成收入水準低於自已真正該有水準的比率，是比起歐美還嚴重的許多。這也是為什麼，台灣的雇主能用22K的最低工資水準（或者只是比最低工資高一些些）給勞工，並且讓這個最低工資水平長期維持在低點而上升緩慢的主因。這股合理化的社會風氣讓年輕人沒資格爭取，而年屆中年的勞工更不敢爭取。你是否要繼續延續此一狀況，還是奮力一搏、為自己爭取該有的權益？

先穩固單槓，再開始斜槓

多數不敢嘗試斜槓人生的上班族，普遍都是害怕收入的不穩定因而缺乏安全感。最佳的解決之道，就是先穩固你的本業（單槓），而在有把握之後，再從你的本業出發來尋找和本業可以相輔相成的第二專長（斜槓），因為這些新的職能是有助於你在本業上的升遷發展的，因此所投入的時間和精神，絕對可以讓你在原本的角色上做得更出色、更能夠凸顯出其他人在這個職位上所無法展現的特色。

隨著時間經過，當你第二專長已經具備一定的水準，開始承接來自他人委託幫忙的案子或其他異業的外包專案委任時，就會產生或多或少的收入，自然水到渠成，擁有本業收入再加上額外收入。

如果你因為本業遇到特殊的原因以至於不得不離開公司、靠自己發展（例如公司倒閉或裁撤單位而你找不到新的工作），那麼失去一份正職的工作，無論去打幾份工，收入不穩定是必然，該如何面對？

黃一嘉
這樣說

斜槓青年初期的收入不穩定是必然，想要喝水就得鑿井，先有一口最容易有水源源不絕的井，再持續不間斷地鑿其他口井。在我辭去金融業優渥工作成為演員的初期，由於演員這口井的水，無法養活自己，因此，我先靠著過去十多年累積的主持人這口井，填補平日所需。主持人工作曾經是我的興趣，後來，成了我主要維持生活家計的收入來源。靠著主持這一口井雖然微薄但持續穩定的水來過日子，得以持續不懈鑿深演員這口井，讓我擁有更多活水的來源！

高手的提醒

對於這個問題，建議搭配本的第一道難題：「生活太安逸了缺乏企圖心，是不是繼續維持現狀就好？」一起閱讀，勇敢地跨出你的下一步吧，就算不為了自己，也要為了你的家人或下一代。

難題 24

我不確定該不該讓自己的小孩成為斜槓青年？

世界變得太快，我們無法確保十年、二十年後的生活會變得如何。如果你希望你的小孩將來的成就大於你，那麼就不該以你目前的思維和能力去界定了他的發展。

未來的世界，非我們過去經驗可掌控

李笑來在《通往財富自由之路》這本著作當中，提到了一段他小時候和他父親之間的真實故事。他說，在他小時候因為拒絕寫「我的理想」這一類的作文，老師則把家長叫到學校去。他老爸走進學校文組辦公室，了解全部情況之後，反問老師：「陳老師，我想問個事兒……你能不能告訴我你小時候的理想是什麼呢？」頓時，整個辦公室的空氣突然凝住了，鴉雀無聲，無人敢說話。李笑來如今已成為全中國最活躍的網路紅人之一，也是天使投資人、中國比特幣首富。

我也分享一下我親身的實例：我用安納金這個筆名在網路上寫了兩年的文章，從來沒有露臉過，連露聲音也沒有，當然也就沒有跟粉絲碰過面，沒有簽書會、沒有開課、沒有演講……任何和粉絲的接觸都沒有，然而我卻可以擁有四萬多名粉絲。其中更有以「每天沒看到安大文章就會感到空虛」的粉絲溫馨留言，我確實影響了許多人對投資、財富、甚至思考的方式，但我爸爸從沒想過那個小時候安靜木訥的我，會是今天的安納金。最震撼的事情，是今年過年的時候，爸爸跟我說他把《高手的養成》、《散戶的50道難題》這兩本暢銷書（分別在上市一年、半年就分別達到近三萬本銷量，所以形容為暢銷書算客觀）讀完了兩遍，對「我朋友」的書評價不錯——他根本不知道我就是安納金！

世界變得太快，我們根本無法確保十年、二十年之後，自己的生活會變得如何，當然也就更無法掌握未來我們小孩會有什麼樣的發展。如果你希望你的小孩將來的成就大於你，那麼就不該以你目前的思維和能力去界定了他的發展。

具備深度工作力，要幾條斜槓都可以

有些家長會擔心自己小孩成為斜槓青年，究其原因，通常是擔憂會離開正職而成為自由工作者，放棄職場上「正途」發展，選擇了比較脫離正軌的職涯路線；其他更深層擔心的原因是怕收入的不穩定性，以及怕別人說自己的小孩不務正業。有關收入的穩定性、以及不務正業的擔憂，在本書其他難題已詳述，此處就暫不討論。我們應該要先留意「正途」這件事情，在幾年後的世界會如何演變？

在思考該不該讓自己小孩成為斜槓青年時，更要看重的是讓你的小孩培養何種能力，可以在未來新科技浪潮下，不致被淹沒。自動化和人工智慧在未來將可能取代很多具有重複性的工作，因此是否成為斜槓青年並非重點，擁有深度工作力才是未來不會被淘汰的能力。

何謂深度工作力？MIT電腦科學博士卡爾．紐波特（Cal Newport）的著作《深度工作力》（*Deep work*）提到，深度工作力：「在免於分心的專注狀態下進行職業活動，這種專注可以把你的認知能力推向極限，而這種努力可以創造新價值，改進你的技術，並且是他人所難以模仿」。這種能力，特別是對於自由工作者或創造性工作者來說，都是最重要的能力，當沒有人給你方向和標準工作流程，你如何自我獨立完成高品質工作，而這正是每個斜槓工作者每天在做的事情。

增加人生的廣度，更容易找到人生定位

喬恩．阿考夫（Jon Acuff）是一位國際著名職涯發展專家，著作《不受限的工作人生：建立職涯存摺，經營4項投資，打造不畏時局變遷的本事》提出職涯存摺的觀念。

職涯儲蓄帳戶＝（人際關係＋技能＋個性）×努力

人際關係＝你認識誰

技能＝你會做什麼

個性＝你是誰

努力＝你如何運用上述這些東西

其中，個性是所有關係的潤滑劑，也是其中最沒有辦法速成的，這也是成為斜槓人的特質，愈早培養愈好。事實上，現在所學的技能，在未來都有可能慘遭淘汰，但認識自己這件事，卻是在人生遇到挫折時，唯一能導引你往正確方向的燈塔。對於還未有很多社會經驗的年輕人來說，培養第一份技能、建立良好人際關係和努力是最重要的，但同時也必須對人生抱持足夠寬度，並為自己負責。為自己負責最好的方式，就是不要辜負上天賦予你開創屬於自己人生的能力。

高手的提醒

工作的深度和人生的廣度是未來青年必須具備的，而這也是斜槓青年所需；像一顆種子，土壤是深度，陽光、空氣和水是廣度，完美比例讓幼苗長得更高。愈早培養小孩擁有斜槓的觀念和能力，讓他知道工作非人生全部，在工作和生活中發掘自己還有那些潛能。對自己了解愈多，人生的道路愈廣，愈不會迷失在職場的叢林中而失去方向。

8

CHAPTER

財務面的問題

比起以前，增加收入的方法其實非常地多，例如設計一個 APP、設計一本電子書、成為 YouTuber 等等，甚至你不需要自稱是創業者，就能有許多低成本的收入方式，並且創造的收入並不亞於開一間實體店面。

難題 25

本業的金援不夠支付第二專長的學習過程？

學習的管道很多，重點是是學習的方向和方法是否正確。

多利用線上學習和政府補助方案

近幾年，各大名校或線上學習網站紛紛推出線上學習課程，大多是免費或是遠少於實體課程的費用，幾乎所有可以在課堂上學的東西，均能在這些平台上獲取知識。舉例來說，以下網站是大家常用的，但最好用的工具仍是透過Google找到適合你自己需要的課程。

好用資源1 edX

免費學習來自全球頂尖大學（包括MIT、柏克萊與哈佛大學）的課程，有提供付費的認證證書。讓大學以外的機構在edX平台上開課，是edX的重要特點之一，例如，世界經濟論壇（WEF）、微軟和Linux等機構都在平台上開放線上學習該機構相關課程，因此其課程的涵蓋面更廣，另外，雖然 edX 線上課程少於其他學習網站，但在學習體驗的設計和學習品質上的要求，仍備受使用者肯定。

好用資源2 Coursera

免費學習來自全球二十多個國家、一百多所頂尖大學的課程（包含台灣），有提供證書的專項課程。由於幾乎都是和各國最頂尖大學合作，也有為數不少中文版本的大學課程可以學習，包括台大、北大和香港中文大學等華人名校所開的課程，可以說是廣受華人世界的熱愛。另外，對於有志於從事新科技領域的學習者，各類相關新科技的中文課程也都可以找得到，中文課程更方便無障礙學習。就以台大 Coursera 來說，就包括了人工智慧、機器人學、賽局理論和大數據分析等課程，由於都是國際知名學者所開的課程，相當受到一般學習者的喜愛。

台大 Coursera
https://zh-tw.coursera.org/taiwan

Coursera
https://www.coursera.org/

edX
https://www.edx.org/

好用資源3　MIT OpenCourseWare

免費提供幾乎所有MIT課程。開放式課程（Open Course）的概念，是美國麻省理工學院（MIT）在一九九九年教育科技會議上提出的，希望能夠免費提供高品質數位課程，可以說是開放式課程的先驅。一開始，只有提供中文化MIT課程的服務，但後來不少的大學也紛紛投入開放式課程的建立，在經過多年推廣後，中港台許多大學也紛紛設立了開放式課程網站，包括台大、清華和交大等等，開放式學程的概念，讓學習者有了更多的課程選擇。

好用資源4　MOOC學院

由中國「果殼網」經營的大量課程網站。是中國最大的MOOC學習者交流平台，可以看成是各類學習平台的入口網站，網站收錄Coursera、Udacity、edX等主要網站MOOC課程連結和內容簡介，並提供讓學習者互相交流的討論區和課程筆記區，除了課程外，也包含職業課程、專題和演講等內容。另

MIT OpenCourseWare
https://ocw.mit.edu/index.htm

MOOC 學院
https://mooc.guokr.com/

外，由於每個課程片段設計的比較短，更容易進行碎片化學習，對於上班族來說，是一個很好的選擇。

善用政府資源，培養第二專長

另外，政府也提供在職人員培養第二專長方案，你可以上網尋找是否有符合需要的課程來參加，例如，在「勞動部勞動力發展署」的網站上，就有針對以下三種身分的在職勞工推出補助計畫，分別是具就業保險、勞工保險或農民健康保險被保險人身分的在職勞工。補助計畫分為：產業人才投資計畫、提升勞工自主學習計畫，共分為六大職能的課程訓練，可依自己想加強的職能，查詢課程資訊及補助資格。

如果你想學習生活上的知識，例如，烹飪、栽種植物、養寵物等，也可以透過網路找到相關學習網站、社群。此外，在Youtube平台上，有許多相關的討論和經驗分享影片都可免費觀看、善加利用。

「勞動部勞動力發展署」產業人才投資方案

https://tims.etraining.gov.tw/timsonline/index.aspx

高門檻的專業課程，與網路交流相輔相成

如果你要學習高門檻的專業技能，必須透過專門訓練中心去進修，例如，木工實作、室內設計、水電維修、老年照護等。在一、二十年前，幾乎都是要付費才能夠接觸到這些學習管道，並且親臨訓練機構或特定場地去上課，在網路上很少有相關的經驗分享，以現在的術語來說，就是只有線下（offline）課程，而缺乏線上（online）資源。

然而，隨著網路的發達以及人們生活習慣的改變，儘管，這些專業課程多半還是要付學費，但是目前很容易可以透過網路資源的免費分享基礎概念，來輔助學習；也可以透過相關社群平台請教行業內的高手。無論在學習之前，或學習過程當中更完整了解該行業現況，以及過來人對於這個行業的甘苦談，等於是線上線下（online to offline）並用，提高了學習的效率和效果。

因此，垂直的知識學習在現在這個環境中，大多可透過學習平台得到基本觀念和知識。但一定要留意，學習過程中另一個更重要的目的，是建立相關領域的人脈；人脈就是你知識和能力的延伸，多認識該領域的高手，也多認識和你一起學習的同伴，在未來斜槓生涯發展過程當中遇到瓶頸時，這些人都極可能會是你的重要貴人。

金額大的學習，也有幾種配套方式

針對金額大的第二專長學習，青年創業補助、青年創業貸款或是和親友借錢都是可行的方式之一，但與其一開始求助別人，建議你也可以思考一些可行的配套方式，來減輕你的金錢負擔，以下是幾個建議的方向。

配套1　邊做邊學

如果你要學的領域是需要長時間投入才會有成果，那麼邊做邊學，會是一個更好的方式。剛開始投入一個新領域時，可以透過擔任義工、學徒或支援性角色進入該領域，因為觀察與模仿就是最好的學習方式。例如，你想開咖啡店，需要一筆大額資金，再多的課程恐怕也是畫餅充饑，必須進入現場確實了解進貨流程、食材準備、人員管理、品質管控等等細節。於是選擇從工作中學習，是最省錢也最有效率的方式，那怕是一個禮拜抽出幾個小時的時間，對你的幫助都很大。

配套2　拉長學習時間

對於現有工作已經很忙的朋友，無法在固定時間內學習第二專長，那麼拉長學習時間是另一個方式，可以每個月存下一部分學費，分批次學習。我的一位朋友為了室內設計專長，前前後後花了三年時間才學習完所有專業課程，一樣遂其所願，跨領域成功。

配套3 學習投資理財

這個方式比較適合有基本概念的朋友採用，因為學習投資理財需要花時間，誠懇地叮嚀切勿因缺錢或急著想賺錢，而去借錢買股票或使用槓桿。我一位大學同學就因具備投資理財的能力，所以在大學四年內就把要到美國留學的學費先賺起來，不需貸款。但這並不適合初學者，建議先從定期定額投資基金或ETF開始，藉由中長期穩健投資的方法，來建立正確的理財觀念，而不是一開始就直接投入單一個股、甚至操作期貨與選擇權。正確的投資理財，可以讓你更妥善管理自己的財務，甚至創造額外的收入來源，來支持你學習其他的第二專長。

高手的提醒

學習的管道很多，但重要的是學習的方向和方法是否正確。需要現場學習的，切勿紙上談兵，例如，婚禮顧問；需要技術扎根的領域，就必須從基本功學習，例如，廚師或木工。無論從實體或線上，知識的取得比過去更容易，而維持一個好的人際關係，同時保持專注力，都可以讓你以更有效率且更省錢的方式，培養第二專長。

難題 26

資金來源有哪些，沒什麼錢真不能創業嗎？

時代變了，創業不一定要投入巨額資本，知識也可以是你的本錢。

創業真的需要投入巨大的資本？

很多人對於創業會有一種想像：一開始投入一大筆錢，包含店面裝潢、廠房設備、產品存貨這些初期投資。而一旦在銷售端不順利導致難以繼續營運時，前期投入的資產無法變現回收，就會造成巨大的損失。實際上，真的有非常多人是這樣做的，也因此我們常常聽到一百個人創業，只有五個人成功這種可怕的數字。

傳統上，很多人覺得租一間店賣東西或開一間工廠就叫創業；也許二十年前真的是這樣，但我認為在現在這時代，比起以前，你能有很多有效且便宜的生產工具，如果創業單純是希望增加收入，增加收入的方法其實非常地多，例如設計一個APP、設計一本電子書、成為YouTuber

等等，甚至你不需要自稱是創業者，就能有許多低成本的收入方式，並且創造的收入並不亞於開一間實體店面。

知識經濟時代，知識就是你的本錢

斜槓青年的發展，與傳統創業者最大的差異，就是在於前者是以個人的知識和能力為核心來創造價值，並且將這些價值變現；傳統創業者除了知識能力之外，通常需要投入一定的資金。因此，如果你是想憑自己的知識和能力來變現，其實並不需要投入資金。

在中國大陸，「知識變現」是主流，也就是說你並不需要用錢賺錢，而是靠你的知識和技能就可以直接變現，透過網路無遠弗屆的平台以及觸及廣大群眾的能力，只要你有夠強的專才、夠好的品質，那麼你就可以在網路平台上變現。

目前，在中國大陸可以收得到錢的知識變現平台很多，且分為很多類：

（1）付費專欄：喜馬拉雅ＦＭ，得到，簡書，豆瓣時間。

（2）付費問答：分答，微博付費問答。

（3）線下約見：在行，混沌研習社。

（4）付費群組：小密圈、貴圈。

（5）直播互動：知乎 Live，一直播，荔枝微課堂。

在台灣，知識付費的風氣可以說是二〇一七年才開始明顯轉佳，例如「囧星人說書」在 PressPlay 曾經募得相當可觀的金額（後來囧星人已經離開該平台），另外兩個知名案例為啾啾鞋，以及阿滴英文。目前也仍有超過一百五十位創作者在 PressPlay 上成功的募得資金，每個月都有穩定的收入來源，而類別包含了財經、商業、娛樂、語言學習、藝文、生活品味、兩性、自我提升等等，而其中已經有好幾個募資者的每月募資金額超過了十萬元。

群眾募資，有幾點你一定要先知道

群眾募資（Crowdfunding），是向群眾募集資金來執行專案或是推出產品，藉由贊助的方式，讓你的專案實現。目前台灣經營得比較成功的，包括：FlyingV、嘖嘖、創夢市集、群募貝果、OKing、LimitStyle。募資方式通常是先透過網路宣傳你的計畫內容，並說明如何讓你的作品量產、如何實現你的計畫。通常需事先設定募資的金額目標，在時限內達標即算募資成功，接下來就可以開始進行計畫。

另外還有針對特定屬性而設立的群眾募資平台：例如股權群眾募資平台「創夢市集」；專為音樂或內容創作者打造的訂閱式集資平台，例如：PressPlay、SOSreader、hohow 好學校；財經與投資理財類的訂閱平台 Moneybar；信義房屋以社區營造為主軸的勾勾 gogo；104 人力銀行的夢想搖籃……等等，你都可以先上這些網站瀏覽看看，是否符合你的需要。

如果你想要走群眾募資的這一條路，建議你一定要先經營屬於你自己的粉絲，創造個人的品牌價值，否則一個完全沒有名氣的人，想要在群眾募資平台上成功募得資金會非常困難（誰知道你是不是詐騙）。由於以創造出新產品為主的群眾募資平台都有募集時間限制，如果你無法在時限內募到一定程度的資金，你就算募集失敗。而知識型訂閱制的 PressPlay、SOSreader 則沒有募資時間限制，所以比較沒有時間上的壓力，但是事先經營屬於自己的粉絲，一定會有大大的加分效果。

有關如何經營自己的個人品牌、擴大知名度、擁有屬於自己的粉絲，可參閱本書的第二十八道難題：「個人知名度不足／自己的人脈還不足以成為自雇工作者或創業？」會有很好的建議方案。

在你的專業領域當中，尋找志同道合的夥伴

通常年輕人創業，多半會以找父母或家人的出資為起點，但是我認為這不是一個好方法，因為如果創業失敗導致大幅虧損甚至負債，通常會拖累自己家人的財務狀況，反而使得家庭不睦，甚至有可能演變為夫妻吵架離婚。

我比較建議是尋找你的專業領域相關人士合資。當然，陌生人不敢輕易地和你合資，而是你應該要先在你想要投入的專業領域深耕發展、在該領域當中建立起一定的信譽以及人脈，然後才從這些專業人脈當中，尋找志同道合的朋友一起來創業。

這不僅可以分散你的家庭財務風險，更可以從這些合資創業夥伴當中，獲得其他你所缺乏的能力或資源。因為一個新創事業，光靠專業能力未必會成功，還需要業務、行銷、專案管理、生產作業管理等等不同屬性的能力，而很少有一個人可以兼備這些能力。透過合資創業的方式，同時取得所需的資金以及專業能力與資源，是一舉數得的方式。

倘若你剛踏入一個新領域，完全還找不到一個夠志同道合的夥伴來合資，怎麼辦？黃一嘉分享他的親身經歷說：「擁有金主是一件重要的事！在我辭去金融業優渥工作成為演員的初期，由於收入低、不夠穩定，一方面靠著主持工作的收入過生活，一方面也靠親朋

好友、學長學姊的金援熬過緊繃的資金缺口期。每個人一定都會有急難或手頭緊的時刻，所以，家人、朋友提供適時的援助相當重要。所以，如何能在背後擁有金主的支持？請讓身邊所有人都曉得自己正在創業。而且，專注、努力、一定會成功的態度在創業。金主不會是笨蛋，他們只願意支持贊助會成功的創業，不會支持看似失敗的創業者。斜槓青年對待新事業的態度，攸關金主是否出現？是否願意資助！」

高手的提醒

務必牢記一句話：「人脈就是錢脈。」無論你發展為斜槓青年還是創業，無論你需不需要初始的創業資金，人脈都將是你個人職涯成功與否的重大關鍵資源。做人不成功，事業就不可能成功。

難題

27 兼差的收入都太低似乎不值得，自己的第二專長似乎難以取代正職的收入？

正確的財富觀念：要把時間投入在「努力會讓成效累加」的事物上。

個人財富累積的J型曲線

沒有人一開始的兼差收入就很高的（若有的話，請留意是否為詐騙），因為即便連正職的工作，很多人一週至少要花四十小時在公司上班，也僅能夠領取每月三萬到四萬元的薪水，如果一個人的兼差每週花不到十小時，會有超過一萬元收入的話，也就不太合理了。如果一萬元除以每週工時十小時（相當於每月四十小時）是時薪兩百五十元，非正職工作要超過這個水準並不容易，除非是兼差銷售高價產品，或者提供特殊的服務（這裡指的是，專業翻譯、顧問諮詢、私人教練等等高技術門檻的服務）。

通常一個普通人的個人財富累積，會呈現〔圖27-1〕（參見P187）所示的「J型曲線」，它有幾個常見的特性：

1. 初期，財富累積速度很慢。
2. 開始後的第二年到第五年之間，財富水準有可能原地踏步甚至下滑。
3. 當突破某個臨界點之後，財富累積速度會加快。
4. 到中後期，會呈現仰角很陡的指數型上漲。

會造成這個型態的主要原因，是因為剛開始知識和經驗不足，因此薪水增加速度緩慢，甚至可能入不敷出，所以，社會新鮮人頭兩年往往很難累積財富。

第二年到第五年之間，財富水準有可能出現停滯甚至下滑，通常是因為人生有重要支出（買車、買房、結婚、生小孩，或者款待自己出國旅遊，或者買高檔名牌亂花錢），或者投資產生虧損（不信的話，你問問周遭有在玩股票的朋友，通常只有一年新手的好運）。

在踏入社會的五年到第十年之間，因為知識和經驗的累積達到某個程度（也就是〔圖27-1〕的臨界點），因而收入較明顯的提升。

到中後期，因為擔任主管而薪資較明顯的調升，或者創業開始有明顯成果，或者掌握到正確的投資理財觀念和方法，或者因為從父母那邊繼承家產，因而個人總財富會呈現仰角很陡的指數型上漲。

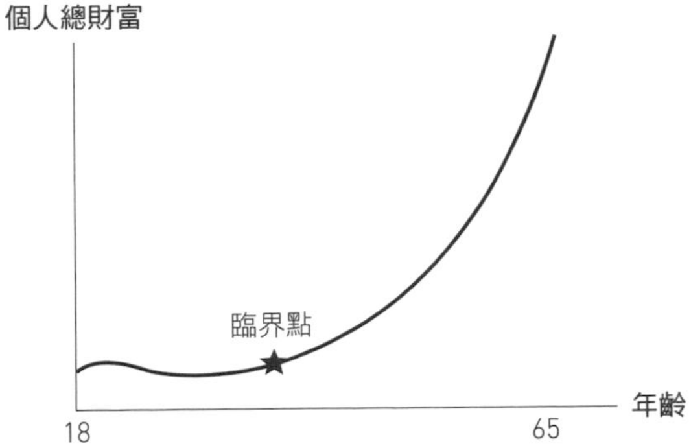

〔圖 27-1〕 **個人財富累積的 J 型曲線**

以上是多數人只有一份正職工作的狀況下所呈現出來的結果，這也代表著，每一份工作所帶來的收入往往初期很低，需要持續累積深耕發展達到某一個程度（臨界點）之後，才會有明顯爬升的機會。然而，很少人會撐過臨界點之前那晦暗的幾年，放棄的人居多數。要靠自己的第二專長或兼職來取代正職收入，一定要撐過那個臨界點。所以，未必是你不能，而是時間和效益的累積還沒到喔。

被動收入較容易累積

你必須先有一個正確的財富觀念：要把時間投入在「努力會讓成效累加」的事物上。很多人在學生時代可能兼過家教，教小朋友功課，時薪四百元到一千元不等，看似很高，但是由於是一對一的家教方式，你等於是出賣時間在換取固定金錢，就算你連續教了十年，只要是一對一教小朋友功課，時薪就是上述那個水準，努力累積你的能力也不會提升時薪。這種就屬於「主動收入」：花多少時間和勞力就換取多少金錢，努力並無法讓成效累加。

「被動收入」最常見的就是投資（包括金融市場上的投資，或者投資在其他人的創業）、買房收租（當包租公或包租婆）、著作／數位創作的收入。

1. 金融市場投資：主要是股票、債券、基金、ETF、外幣存款等，隨著長時間的累積，會有「複利效果」，而那個效果就很像〔圖27-1〕（參見P187）所示的「J型曲線」。因此，這等於用你的金錢去替你工作、你不需要花時間就能夠產生另一條J型曲線，那麼你的人生總財富就會是兩條J型曲線累加起來的效果。

2. 買房收租：例如買進房子或店面出租給別人，雖然不會有複利效果，但卻像是你利用了租客努力工作付租金幫你償還銀行的房貸，所以是一種變相的「當老闆」的概念。收租金的過程當中，你並不需要花時間和勞力，也不影響你的正職收入，因此你的人生總財富也會像是兩條J型曲線累加起來的效果。

3. 著作／網路創作的收入：如果你只要花一次時間創作，就可以無限量賣給有需要的人，這是最佳的被動收入之一。例如出書、網路收費文章、當YouTuber賺取廣告收入、開課收費、設計LINE貼圖、設計App等等，這種會有「口碑效果」傳遞開來而讓銷售量大幅度增加的收入，往往是隨著時間呈現指數型的上揚，最能夠符合「努力會讓成效累加」效益的最佳被動收入來源。

高手的提醒

想要靠花時間出賣勞力換取收入的第二專長或兼差，往往會覺有「得不償失」之感；建議考慮把時間投入在「努力會讓成效累加」的事物上，才能夠明顯加速個人總財富的累積。

難題 28

個人知名度不足，自己的人脈還不足以成為自雇工作者或者創業？

縮短累積個人知名度所需時間的兩大祕訣：名師出高徒、團結力量大。

擴展個人知名度的兩大祕訣

除非你有個富爸爸，不然沒有人天生就有知名度，全部都是後天慢慢努力累積的。但是，儘管如此，有兩個祕訣可以縮短累積個人知名度所需的時間、提高效率：名師出高徒、團結力量大。

祕訣1　名師出高徒

以綜藝界為例，目前收入最高的包含「三王一后」的張菲、胡瓜、吳宗憲、張小燕，這些都是綜藝A咖（還有已故的豬哥亮）；緊接在後的，例如小S、徐乃麟、哈林、蔡康永、陶子、黃子佼、曾國城、庹宗康、于美人、郭子乾、吳淡如、邰智源、謝震武、黑人、浩角翔起，只要能夠擔任知名節目主持人的，都可以算是綜藝B

咖；再來就有許多本身不主持節目，但是常上節目的通告藝人，例如沈玉琳、王彩樺、小鐘、康康、NONO、張克帆、羅霈穎、王中平、紹庭、解婕翎、阿喜、余祥銓、許維恩、柯以柔、辛龍、雞排妹、泱泱、夢多、溫妮……等，我們暫且稱為綜藝C咖。而上述的B咖幾乎都曾經上過A咖主持的節目、C咖上B咖主持的節目並且爭取上A咖節目的機會。

祕訣2　團結力量大

老大哥張菲算是全綜藝界最資深的前輩，張小燕、吳宗憲、黃子佼、曾國城，都曾經上過張菲的節目，因為即便是A咖也不可能靠自己一個人讓節目豐富有趣，而是需要有其他厲害的角色一起參與，整體創造的效果才是最高的（這可稱為「群聚效應」）。因此，A咖、B咖通常會扮演提攜後進的角色，讓原本寂寂無名的新人從通告藝人開始，逐漸嶄露頭角而晉升為B咖、甚至最後成為A咖。

師徒制、以及群聚效應

師徒制以及群聚效應，並不是只有出現在綜藝圈，而是大多數產業的共通的現象。因

MissAnita 御姊愛 這樣說

大部分會想成為自雇工作者的人往往有一種特色，就是「希望不要再面對那麼複雜的職場人際關係」、「不想 Social 社交」、「不想一直要取悅客戶」……說穿了，有些人想成為自雇者，其實只是因為想逃避商場上那些「做人處事」的繁複而想獨處。

但我要說，嘿，這可是完全搞錯了，因為自雇者根本是一個人身兼業務單位和執行單位！自雇者的業績絕非憑空掉下來的，而是靠自己一個一個打好交情和關係而來的，否則外面能接案的人這麼多，別人為何永遠要發給你？你的作品真的有厲害成這樣嗎？你的競爭力真的有那樣強嗎？

假使你不想永遠削價競爭，那麼你必須同時提升專業以及維持既有客戶關係和拓展新客戶。

知名度不足時，必須先顧及量，並從大量案件中，找到具有代表性的客戶，好好的把這些案件做好，使這些案件成為自己的口碑代表作，透過累積有價值的代表作，才有可能逐漸變成你挑案子，而非案子挑你。

此剛踏入一個新領域的新人，最短的成功捷徑，就是去投靠該領域最知名或最成功的領導者（或者領導廠商），在其門下是最有機會展露頭角的。因為A咖的舞台最大，只要你能力

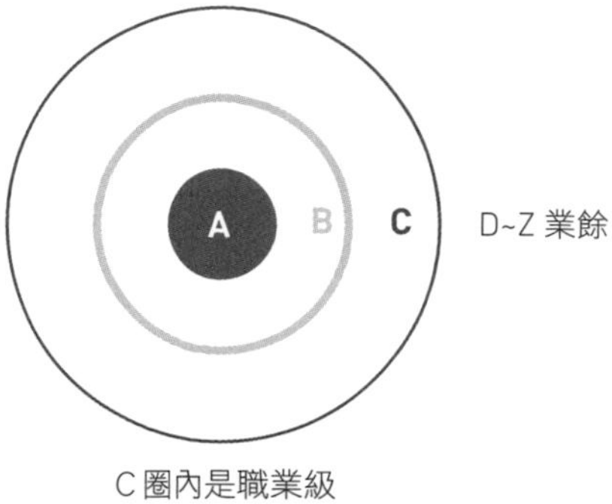

〔圖 28-1〕 **職業級與業餘的人數差異**

夠好，被看見的機率是最高的。

然而，最知名或最成功的領導者（或者領導廠商）畢竟是少數，不見得每一個新人都有機會擠入窄門，倘若你沒有機會爭取到和業界A咖合作機會的話，那麼你至少也要嘗試與B咖合作、若還是不成，C咖也可以。

如〔圖28-1〕所示，任何一個領域，假設按照知名度來排序，從A排到Z，那麼最核心的A級人數一定非常少、B級稍微多一些、C級再更多，這些都算是「職業級」的，不在這個ABC圈內的，都只算業餘的、做興趣的，甚至沒有收入。你一定要設法跨入職業級的圈內，否則在圈外，花再多時間都難以讓你有足夠養活自己的收入。

塑造良好個人品牌，必須謹言慎行

現在資訊發達，網路及通訊軟體非常普及，以前人們說「壞事傳千里」，現在是幾分鐘內就會傳到萬里之外、繞地球好幾圈，而且更恐怖的是，目前世界級的大廠，包括Facebook、Google、YouTube、甚至各種手機即時通訊軟體，都有在使用大數據（Big Data），也就是將所有紀錄保存在雲端儲存空間、幾乎永久保存，因此你在網路上所留下的任何軌跡幾乎都是無法消除乾淨的（雖然美國開始考慮管制這個部分，但未必能夠把歷史紀錄完全清除）。因此，切勿因為網際網路的便利，就在不夠深思熟慮的狀況下，留下了對你將來不利的軌跡，包括情緒性的留言、不當網站的瀏覽紀錄等等。

對於一位斜槓青年來說，若成為自雇工作者、或者創業，那麼切記，你的個人品牌形象好壞，將主導你未來生涯發展以及收入的變化，因為你自己就像一家公司，你的言行若留下不好的紀錄，就等於是你個人品牌（或這個公司）的不良紀錄。在已經沒有大公司的品牌當作你的保護傘之下，你必須謹言慎行，因為只要一次做錯事而負面消息傳開，對你造成的影響可能就會掩蓋過你其他做對的九十九件事。

永遠記住，人脈就是錢脈

無論你要投身哪一個行業，一定要廣結善緣，因為人脈就是錢脈，就算工作時間內不需要與他人互動的行業也一樣。這並不是純粹為了業績（客戶人數）考量，而是你想在任何一個領域深耕發展，就一定要有願意提攜你的前輩或者成功人士、或者願意幫助你的學長姐，這樣才能夠縮短你瞎子摸象、四處碰壁或者原地踏步虛耗掉的時間。

有關如何累積人脈、維繫人脈、善用人脈的方法，普遍在市面上和「銷售」以及「人際關係管理」有關的書籍或課程當中都有在教。你只要用關鍵字搜尋「人脈」、「人際」就會有很多選擇，而讀書自修是最省錢的方式（比較花時間）、上課是最省時的方式（比較花錢），挑選最適合你的、你喜歡的，這樣成本效益會最佳。

以下推薦幾本安納金個人看過而且比較喜歡的書籍（但是未必適合你）：

1.《與人同贏》，約翰・麥斯威爾著，商業周刊出版，2018/03。
2.《卡內基教你跟誰都能做朋友》，戴爾・卡內基著，野人出版，2017/10。
3.《卡內基溝通與人際關係：如何贏取友誼與影響他人（2015年新版）》，戴爾・卡內基著，龍齡出版，2015/01。P.S.與前一本內容相同，出版社不同。

4.《有錢人想的和你不一樣》，T. Harv Eker著，大塊文化出版，2005/12。

高手的提醒

多數人並不是找不到成功的方法，而是怕找到的時候已經太慢了，別人比你快，你就沒有競爭力；或者，等你花了過多的時間最後終於成功時，你的家人已經來不及等你了（這才是最遺憾的事情）。

難題 29

創業往往不是大好就是大壞，如何讓收入可以儘早穩定？

用精實創業的方法，從最小可行的商業模式降低初期投入風險。

由 Mr. Market 市場先生解題

不是先燒錢再賺錢，你應該一創業就賺錢

「博客來燒錢七年轉虧為盈」、「統一超商燒錢七年轉虧為盈」，很多從網路報章雜誌中而來的資訊都告訴我們，一個成功的企業似乎曾經都要燒錢好幾年。我認為這裡有兩個迷思：

迷思1 不要將大企業的經驗套在自己身上

大企業的燒錢模式好處在於，可以快速搶占市場占有率、建立品牌，以及透過規模效應降低成本、甚至殺價擊垮對手。但這招你不能學、也不該用，如果你選擇的生意需要靠規模、靠殺價才能生存，代表你走錯路了。

迷思2 並非要先虧損才能賺錢

我並不是認為每件事一開始就一定會成功，但一個好的生意，應該要一開始就有好的利潤，

不然你幹嘛選擇這個生意呢？

在選擇生意模式上，如果你沒有太多資本，我建議先從「銷售」開始，不管是業務的銷售，或是透過行銷來銷售，或是做為中間人去媒合。原因是生產實體產品所需的資本通常比較高，也比較容易被複製與競爭，相對地，銷售對一般人來說比較不需要資本投入。

另一種模式是透過「資訊型產品」，例如線上影音課程，或銷售電子書、寫部落格。也許這些方式的獲利速度通常沒有投入大額資本來得快，但成本與風險非常的低。

不要過度槓桿，要留有足夠的容錯空間

在投資股票時，有個很重要的概念是：儘量避免過度財務槓桿操作（槓桿就是透過借錢，以小搏大的意思）。原因在於順風時槓桿會讓獲利會加倍，但虧損時傷害也會加倍。

創業比投資更容易使用財務槓桿，我認為適度財務槓桿是好事，但千萬不要過度。每個人都是第一次創業，因此過程一定有很多需要學習的事。無論是產品的選擇或銷售的方

式，你幾乎不大可能一次做到位。投入大資本，尤其透過借貸槓桿投資時，風險就是你會失去調整的彈性，如果沒有一次成功，那就注定失敗。

千萬不要為了想多賺一點，而做出超出能力的決定。怎樣算過度槓桿？當你會對二〇%虧損感到恐懼時，就已經過度了。

運用「精實創業」觀念，從最小可行的商業模式降低初期投入風險

美國矽谷是個創業聖地，以前很多矽谷軟體公司在創業時，通常會耗資巨大、費時多年，把一個軟體做到非常完整後再上市，可是上市後顧客是否買單，就只能一翻兩瞪眼，一旦失敗，損失都非常巨大。

因此，後來在矽谷開始流行一種方式，就是先用最低成本、最快速度做出一個「最小可行」的產品版本，除了最核心的功能以外，其他功能都沒有，甚至介面很陽春都沒關係，關鍵是「快速將這個產品放到市場上測試反應」，透過市場的回饋反應後，下一個版本再做出修正，或是果斷放棄該產品，這種模式就稱為「精實創業」（lean startup）。

用精實創業的方法，你的任何事業都不必一開始就做出巨大的決策，從最小可行的商業模式開始一步步調整優化，事業起步的風險就可以降到最低！

高手的提醒

創業一定需要投入資金的認知已經過時了，而在當今知識經濟的時代，斜槓青年並不需要資金，就可以透過合適的平台或媒介來把自己的知識與技能變現。就算真的需要資金，所需的門檻也不像過去那麼高了。

9

CHAPTER

所需資源與相關平台的問題

學校教育教給我們的知識很重要，不過多數都屬於「基礎知識」，你可以說那是「硬知識」，然而在相關「軟知識」（或者俗稱為「軟實力」）上卻一無所知；不是學校教育的問題，而是軟實力本來就是在踏入社會後，從實務經驗累積內化而來的。

難題
30
不知斜槓方面的問題有誰可以諮詢或指導？

可以先模仿業界最頂尖的人，刻意練習成功者的知識和經驗。

模仿業界最頂尖的人，結果就不會太差

高爾夫球界，有史以來最負盛名的一位頂尖高手，堪稱艾德瑞克．「老虎」．伍茲（Eldrick "Tiger" Woods，"Tiger" 是他的綽號而非本名），他自一九九七年，首次登上世界排名第一以來，蟬聯冠軍寶座超過六百五十週，創下高爾夫球史上最高紀錄。

因此，在我那個年代學習高爾夫球，許多教練最常見的做法就是，要你觀摩老虎伍茲的揮桿動作影片（當然裡面也會有慢動作和局部特寫慢動作），因為「模仿，就是最快的學習方式」，市場上常說：「只要你每一次的揮桿動作做到相似於老虎伍茲一樣時，那麼你得到的成績也不會差太多。」這就是一種刻意練習。

成功者的知識和經驗，需要你主動去挖掘

然而，並不是所有的能力都是形於外的；職場上所需的能力，尤其是成功的斜槓青年所需的能力，許多是無法從外表看出來的。因此你最好的學習方式就是，去努力找出該領域的成功者、去認識他們，透過頻繁地接觸或觀察這些人的思考方式、作品或作為，來模仿他們成功的模式。

你可能會覺得：「這些成功者都很忙，或者高高在上，並不會理我呀！」這不會是贏家該有的思維模式，在本書的第二十八道難題：「個人知名度不足／自己的人脈還不足以成為自雇工作者或者創業？」有提到「群聚效應」：每個領域的成功者往往需要其他人一起合作，他們是打團體戰而非靠自己一個人。你可以毛遂自薦成為優秀團隊的一員，或為合作夥伴，或加入他們常常活動的社團或組織。

現在網路社群發達，每個領域的成功者，幾乎也都會在網路上的相關社群當中活動或者曝光，你可以主動去加入那些社群，除了可以更頻繁地看到該領域成功者的動態之外，也能夠從這些成功者所選定參與的社群當中，接觸其他更多活躍在這個圈子裡稍有所成的人，增加你可以學習和觀摩的對象，甚至結識這些人。

如果我不夠優秀，別人會願意教我嗎？

有些人會因為自己剛踏進一個新領域，沒沒無聞、也尚無任何經驗，甚至覺得自己不夠優秀，因而擔心找不到其他優秀的人可以協助。在此書撰寫之前，事先在網路上幾個大型社團當中票選了「台灣最成功的斜槓人士」（不限年齡），結果票選出來，大家認為的第一名是前亞都麗緻集團總裁：嚴長壽，他目前的身分是公益平臺文化基金會董事長／景文科技大學公益董事／台東縣私立均一國民中小學董事長／慈心華德福教育實驗國民中小學董事長／亞都麗緻大飯店旅館總裁／台灣觀光協會名譽會長。

嚴長壽的學歷只有基隆中學畢業，從美國運通擔任傳達小弟開始做起，由於職場的優異表現，往上晉升到美國運通台灣區總經理的位子，後來接受美國運通辦公室房東周志榮先生之邀，跨入飯店觀光業，成為亞都麗緻飯店總裁。他在台灣有將近十本的著作，每一本都膾炙人口，因為他就是一個起步低，一路憑藉驚人的毅力，苦幹實幹，從基層開始爬上來的成功典範。

在前述票選獲得前二十名的成功斜槓人士當中，除了嚴長壽之外，有好幾位的學歷也不高，剛出社會時的起步也都很艱難辛苦，但是如今卻是大家眼中最傑出的斜槓人士。你要記住，「優秀」是事後的結果，不是人格特質；「誠實」、「好的品德」、「奮發向上」、「腳踏實地」這些才是人格特質與人生態度；態度會決定高度，這些好的特質最終會成就好的結果（優秀）。在我們三位作者的眼中，沒有不優秀的人，只有不努力的人。

在本章的後面幾道難題，討論主題進入斜槓青年所需要的資源與平台相關的問題，您可以接著研讀，相信可以找到許多實用、甚至有些是免費的資源可以充分利用。

高手的提醒

積極樂觀的態度，以及常保善良與謙遜的心，將會是你進入每一個領域獲得「貴人緣」的最好基礎。物以類聚，人以群分，你只要持續保持正能量，並且讓別人感受到你對於學習的熱情，自然就會吸引對的人來協助你、甚至指導你。

難題 31

缺乏一個斜槓青年的知識經驗交流中心

斜槓的實體交流中心多半是透過課程、研討會、交流會進行；虛擬部分的網路社群，是最有效率的資訊經驗交流中心。

各類型的斜槓交流中心簡介

事實上，近兩年來各種類型的斜槓交流中心，如雨後春筍般出現，但性質或許有些不同，著重的方向也有些許差異，通常是透過課程、研討會和交流會的方式來進行，建議你可以選擇適合的參加。藉由特定主題，吸引不同類型的人參與，並分享彼此經驗，在交流中尋求人脈的拓展，以及跨領域的認識。這樣的知識經驗交流中心，大致上可以分成幾類。

1. 文創類

從事文創相關的人才通常很多是個人工作者，獨具特有的個人專長，你可以從中開啟你對文創產業的想像，舉凡命理、旅遊規劃、英語教學、主題露營專家和能量醫學等等，幾乎包羅萬象，參加過後，深深覺得高手在民間。這樣的交流中心愈來愈多，例如「長寬高文創交流中心」。

2. 工作空間類

這種工作空間，通常已經有很多不同類型的斜槓高手進駐其中，在此交流的好處是可以得到更多過來人的經驗，跨界合作的模式在此更容易延伸。這樣的工作空間交流中心也愈來愈多，例如跨國工作空間「Kafnu」。

3. 創業中心、加速器類

這類中心通常是大企業和政府所支持的，優勢在於，有創業經驗豐富的導師或業師，傳授創業的流程和經驗，甚至對於所需資源和人脈，給予實質幫助，加速產品成功進入市場。這類交流中心也愈來愈常見，例如：各大學新創中心（例如台大和交大都有）、政府合作的新創中心（例如「新北創力坊」）。

4. 財團法人、民間協會

這些機構經常會舉辦活動或特定課程，協助青年創業，同時也可了解政府有那些協助創業的政策。例如，中華民國全國青年創業總會（簡稱青創會）過去也曾辦過婦女創業商機媒合，邀請不同領域的婦女創業家經驗分享。而青創會在全國各縣市也陸續成立的區域型的協會，舉辦的活動和提供的資源愈來愈廣泛，值得善加利用。

網路社群是最有效率的資訊經驗交流中心

相較於實體的交流中心，更多是不同類型的網路社群，這些不同類型的專業社群討論問題的深度和廣度，往往超乎想像；再者，因為網際網路不受時間或地域上的限制，往往容易聚集數千人、甚至數萬人參加。

例如，由本書作者以及協作者們聯合創立的臉書社團「斜槓青年 /Slash」已達數千人參與，每天都有各種與斜槓相關的知識經驗分享，互動討論也很頻繁，只要你願意加入交流，社團當中的許多有經驗的高手，也不吝於分享他們的個人經驗和觀點。

在過去以實體營運為主的行業，都有各式各樣的同業公會，邁入以知識經濟時代為主軸的文創產業或知識型創業，則普遍以網路上的社群作為交流中心，建議你多參與這些社群（可視為新型態的協會）來拓展自己的人脈資源、減少自己摸索與碰壁的時間。尤其隨著未來人工智慧與機器人、物聯網等創新科技逐漸普及後，人們在純技術或純知識上的競

張尤金
這樣說

善用社群網絡與人脈資源。以運動寫作為例，臉書的粉絲團和社團，可串連同屬性的多職工作者；再從網站編輯、雜誌主編去拓展人脈與視野，發掘自己的優勢。

爭力將愈來愈容易被取代，反而未來在人性化相關的經驗與能力（例如人際溝通、創意思維、情緒管理）重要性逐漸提高，而這些以人獨有的情感經驗為核心的社群，未來價值也會相對提高。

有清楚的目標和熱情，自然會有貴人相助

參加交流活動固然是一個快速跨界了解的路徑，但不要忽視，透過你的熱情和達成目標的決心，也會感染到和你接觸的所有人，或許在平常的朋友聚會或機緣巧合認識的朋友中，不經意地提出你的想法，往往也可以得到意想不到的回饋。因此，除「外界資源」（例

如，有哪些交流中心可以參加？）之外，「內在力量」（你的熱情、衝勁、創意、幽默、正能量）反而是你獨具一格，吸引外在資源向你靠近的核心優勢。

隨著全世界科技的進步以及財富的累積，現在大型企業已經愈來愈不缺乏資金，而是缺乏投資機會，甚至許多高資產人士也面臨相同的問題：利率愈來愈低。在各類資產的投資報酬率愈來愈低的情況下，人們缺乏的是值得投資的人才，你在學習的過程當中，不要只學「硬知識」也要強化「軟實力」，因為知識容易被複製而實力較難被取代，把握人工智慧與機器人尚未被大規模運用在職場上之前，快快累積自己的軟實力。

高手的提醒

交流的目的是讓彼此都有所收穫，因此，如果你只是單向的想要吸收別人的知識與經驗，未必能達到最佳效果。敞開心胸以及積極展現你的熱情，將為你帶來更多機會，不要吝於在交流中當中貢獻你的能力和提出你的觀點，說不定貴人就會出現在其中。伯樂無所不在，只是千里馬難尋，如果你想要出類拔萃（outstanding）那麼請先站出來（stand out）！

難題 32

相關的知識或教育太少

自我投資、自主學習，才是無限成長之路。

如果大家都會的事情，那麼你就更難有發揮空間了

學校教育教給我們的知識很重要，不過多數都屬於「基礎知識」，你可以說那是「硬知識」，然而在相關「軟知識」（或者俗稱為「軟實力」）上卻一無所知，例如：良好的溝通能力、時間管理能力、環境適應能力、業務能力……學校老師幾乎沒有教，甚至沒有教我們如何做好的簡報，以及如何與同事相處、跟老闆溝通，但這些卻是我們離開學校之後最重要的謀生技能。當然，也不會教你如何當個成功的斜槓青年。

不是學校教育的問題，而是軟實力本來就是在踏入社會後，從實務經驗累積內化而來的。安納金常說一句話：「你能夠複製別人的知識，但無法複製別人的能力，因為能力是透過刻意練習而來的。」也因為軟實力的養成，並不是每個人在學校靠教育就能學到，這使得莘莘學子畢業之後的發展，好壞差距千里。在學校，成績高低落差往往不過是五十分到一百分之間的差距，所以如果A同學說他的成績比B同學多一倍，那可不得了！但是到了職場，彼此間差異水平會更放大，到了退休的時候來比較每個人累積的財產，高低差可以達數十倍、到數千倍之間。

在本書的第五道難題：「哪些能力是成功的斜槓青年所必備的呢？」有提到幾種對斜槓青年非常有幫助的能力，也都不是學校會教的，甚至於踏入社會之後有意尋求到這類專門的課程去「上課」，選擇也不多。但換個角度思考就不難發現，只要找到學習方法、或者有人願意教你，可確信你在這方面的知識或能力，就會遠遠超過其他不得其門而入的人。

自我投資、自主學習，才是無限成長之路

除了多加嘗試去接近成功人士或成功的團隊之外，另一個不求人的方法，就是透過自

修的方式，從研讀相關書籍或參加課程當中來學習，這也是大多數剛踏入新領域的年輕人常見的良好起步方式。

然而，一個人的時間有限，如何在更短的時間內，獲取更多的學習效益呢？強烈建議你先學會「好的學習方式」，然後再開始學習。這邊提供兩個安納金親自使用多年的祕訣，已經被市場上多數成功者廣泛驗證為有效的方式，建議試試看。

學習法1 雪球速讀法

當你拿到一本書的時候，並不需要從頭開始逐頁開始看，而是先在書店看作者序（或者前言）、目錄大綱，了解這本書想要傳達的核心意念，以及書的架構；第二步是很快地把每一章節的大標題翻過一遍，知道每一章節提到那些主要重點；第三步再從頭開始翻過每一章節的大小標題……因為人的視覺印象會幫助你對整本書有愈來愈多的了解，這些就像滾雪球般，幫助你對整本書愈來愈清晰地理解，所以，即使你根本沒有細讀過每一章節的內文，卻已經掌握到一本書的重點。千萬不要因為買了就想要整本書全部讀完，那沒有效率而且很容易半途而廢（你的書架上是不是很多書都只有看前面不到二〇％，就晾在那裏蒙塵生灰了）。

建議可以在YouTube搜尋「看書十倍速！速讀真的這麼神？《雪球速讀法》「囫說書

S2EP8」是相當棒的一段影片，安納金已經推薦給許多粉絲使用，讚不絕口啊。

學習法2　聚焦投資法

股神巴菲特說：「投資應該像馬克．吐溫（Mark Twain）建議的那樣，把所有雞蛋放在同一個籃子裡，然後小心地看好這個籃子。」指的是與其分散注意力在不同的領域，倒不如聚焦在某一個領域，可以得到更好的成果。

假設你選擇學會投資理財，然而此一領域所涵蓋的太廣了，有股票投資、基金投資、ETF投資、外匯投資、債券投資、期貨與選擇權、權證……等等，如果你要梧鼠技窮式地學這麼多不同領域，那麼效果肯定不好。你要先擬定出優先順序：確定先學會哪一種？例如是股票投資，其他的就先不要花時間去研究，否則在金融市場什麼都碰但什麼都不精的結果，最終就是買什麼賠什麼。

股票投資本身，就是一個很廣的領域，裡面還分成總體分析、基本分析（或稱為財報分析）、技術分析、籌碼分析，你最好先選定其中一種深入發展，其他次要的是將來有機會遇到了再學。「先建立一條穩定的單槓，再慢慢加上一條一條的斜槓」往往就是成功機率最高的一種發展模式。

高手的提醒

巴菲特有關聚焦的智慧，用在投資上是如此，在生活上亦是如此。別忘了，時間是比金錢更寶貴的資源，你要學會如何投資金錢，更要學會如何投資時間：把時間投資在自己的能力發展上、深耕某個領域，是最佳且最有效率的投資。

難題 33

台灣的斜槓青年有哪些免費的資源或工具可以運用？

免費的資源或工具可從網路取得，或由大型企業及非營利的機構提供。

免費的最貴，因為人生苦短，時間有限

因為人生苦短，我們每個人的時間都很有限（逝者如斯，不捨晝夜），所以千萬別只是因為不想付費，而把時間都花在看免費的資源或使用免費的工具。因為當你為省錢錙銖必較，卻耗損了太多寶貴時間（真正值錢的是時間，千金難買寸光陰），會虧更大。

我認識的許多不同領域的大贏家，並不太使用免費資源或工具，主要有兩個原因：一分錢一分貨的認知，以及追求卓越的習慣。首先，他們深知「工欲善其事，必先利其器的道理」，因此寧可付費使用高品質的資源和強而有力的工具，來幫他們達到最高的產出效能與品質。你必須為個人產出品質與個人形象儘可能達到高水準，因

如此嚴謹自我要求在獲得的總收益和回報上，也絕對會超過你所付出的那些成本許多。現在台灣的生活水平提高，很多人願意用高價去享受高品質的產品和服務，不想花很少的錢卻買到不堪用的爛貨而滿肚子氣。贏家們也普遍有追求卓越的習慣，因此如果不是最好的，他們寧可不要、也不願意做——往往是這樣的特質與習慣，造就了他們成為贏家。

免費資源與工具何處尋

由於整個市場是有效率性的，因此往往一個東西有多少價值，會反映在它們的市場價格上，有時候並不是沒反映，只是時間未到，也就是說，初期是以試行與試用的階段來擴大潛在客群，同時累積知名度，將來時機成熟了，才會開始收費。這是第一種常見的免費資源與工具供應來源，如果你有發現這些好東西還沒開始收費，儘管善加利用，因為你可能就是該創新產品或服務的早期採用者（early adopter）！

第二種常見的來源，是目前市面上由多數大型企業所提供的免費資源或工具。他們的商業模式並不是向使用者收費，而是透過收取廣告收入或者向上游供應商收費，來創造利潤。例如，我們每天在使用的 Google 這個搜尋平台、Facebook 社群網站，你可能從來沒有付過錢給這些公司，但他們可是全世界最賺錢的公司。因為他把你最寶貴的眼球專注時間，賣給了廣告商來收費，在此一單元，也會一一介紹，如何善用這些資源與工具。

免費資源與工具的第三大來源，是由非營利的機構所提供的，例如政府單位、慈善公益團體、或者民間的其他社團法人非營利組織等等，因為他們並不是以營利為目的，所以提供的資源與工具也是不收費的。但是一個必要提醒，由於少了營利事業的競爭壓力，通常品質也就可能較缺乏競爭力、較無法與市場上強而有力的資源品質相比。後續也會介紹幾個實用而且高品質的相關免費資源。

網際網路就是最佳的免費資源

免費資源 1 Google

由於 Google 龐大的資料搜尋能力，幾乎可以幫你找到大多數所需的資訊、知識、甚至別人的智慧，而且並不需要付費給 Google，因此如果善加利用，可以節省不少自己的時間或費用。Google還有提供「Google Drive雲端硬碟」的免費儲存空間（目前為15GB）、「Google文件」提供網路共同協作文件的平台、「Google Translate」免費翻譯（支援全文翻譯）等免費服務，這些都是個人目前有在使用的免費工具。

還有一個不錯的工具是「Google快訊」，相對較少人使用，這是Google提供的一個免費訂閱服務，使用方式如下：

步驟一：先用Google搜尋「Google快訊」這幾個字，就會找到相關的連結，找到之後就可以點進去，會出現〔圖33-1〕的畫面。

步驟二：在最上方輸入你想要持續追蹤訂閱的關鍵字，例如「斜槓」，然後點選〔圖33-1〕當中橢圓形圈起來的「顯示選項」，可以進一步做細部的偏好設定。

步驟三：在〔圖33-2〕（參見P220）當中設定你所希望的頻率、來源、語言、地區、

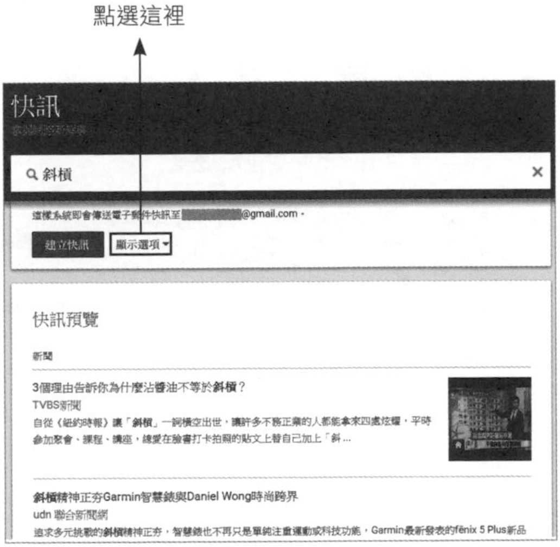

〔圖 33-1〕 **Google 快訊的免費訂閱服務**

數量、傳送位址等細節。個人建議「最多每天一次」就好，來源設為「自動」，語言設為「中文（繁體）」，地區，除非你也關心國外地區的相關討論，否則設定「台灣」就好，「數量」則選最佳搜尋結果，否則資訊量會大到你無法消化吸收。設定好之後就按下左下角的「建立快訊」。

步驟四：在〔圖 33-3〕當中設定你所希望的接收時間、以及是否需要每隔一段時間後由 Google 匯整一份摘要給你。這部分要看每個人的習慣而定，建議你可以先做初步勾選，假以時日請自行評估是否合適，再適時調整這些設定。

免費資源 2 Facebook、Instagram、YouTube、LinkedIn 等社群媒體

這些常用的社群軟體目前都是免費的，而且使用人數眾多，但是若你還沒使用過的話，建議你先詢問目前

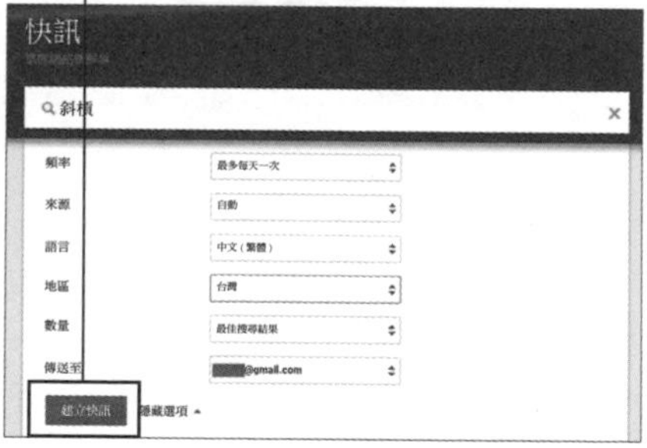

〔圖 33-2〕 **Google 快訊的免費訂閱服務相關設定**

〔圖 33-3〕 **Google 快訊的免費訂閱接收時間與摘要**

屬於重度使用者的好友，才能夠縮短摸索與上手的時間，甚至於可能根本無需虛擲時間在某些社群媒體上，這必須要諮詢非常熟悉這些平台的好友意見，才會知道如何取捨。時間，是我們最寶貴的資產，千萬別為了使用這些免費資源而浪費了自己的寶貴時間，那是得不償失的。

免費資源3　其他實用工具

在台灣有一個「免費資源網路社群」，是成立於二〇〇六年的一個以免費資源為主題的網站。目前站內共有七大主題分類、超過五千篇文章，包含個人服務、免費空間、免費軟體、熱門主題、網路科技、線上工具及站長工具等內容，已從免費資源逐漸走向各類的科技議題，包括手機應用程式介紹和架站教學。你可以到該網站上去瀏覽搜尋有沒有符合你所需要的工具，可以善加利用。

〔圖 33-4〕台灣的免費資源網路社群
資料來源：https://free.com.tw/

善用圖書館、博物館、美術館

對於斜槓青年來說，來自政府單位所提供的最好資源就是圖書館、博物館、美術館等等大型的設施。圖書館的部分建議要優先到總館，才會有比較豐沛的藏書可供你閱讀參考，除非真的距離太遠而交通不便，才選擇分館。

至於博物館、美術館，雖然你目前的本業或將來想要走的斜槓路線和藝術並沒有直接關係，但我仍誠摯地建議你偶爾走訪這些地方，因為將來人工智慧和機器人逐漸普及之後，人們的工作時間可能變少、休閒時間變多，而這些無法由機器人產生的藝術品或者歷史文物，就更會被人們珍視。透過偶爾的巡禮，欣賞這些藝術品或文物，博物館或美術館不定期所舉辦的展覽，往往有助於觸發你的靈感，同時也可以幫助你了解，有錢有閒的人們喜歡什麼、品味與生活的樣貌，這些將來都可能是你的財源。

當然，你並不需要為了去而去這些地方，而是當你工作繁忙一陣子之後，刻意保留半天或幾個小時的時間去參觀這些地方，將有助於舒緩你緊繃的神經與壓力，同時也為你原本過度專注在狹窄領域的心靈，獲得舒展的平衡。

高手的提醒

對斜槓青年來說，最寶貴的是時間，不要為了省錢而浪費時間，更不要耗費過多的時間在社群軟體當中做沒有建設性或無意義地閒聊。除非是真的有事情要談、有問題要請教，否則應該要適時的遠離社群媒體（至少不要動不動就去查看），有效運用時間，是現代人首重的觀念之一。

10

CHAPTER

不知如何起步的問題

只要擁有核心能力，將來不管職場如何改變，這些核心能力都將確保你有收入來源，不用擔心沒有工作。

難題
34

多職應該從正職去延伸，還是從自己有興趣的領域開始？

無論是職場新鮮人、還是已經在職場上打滾過的人，尋找自己擁有熱情的領域、投入深耕發展，絕對是加速達到自我實現的一條捷徑。

給剛步入職場的社會新鮮人

對於剛進入職場，或者起步還沒有很久的年輕人而言，我給的忠告是：你應該是把本業做好、建立形象，努力擴大本業的收入，因為本業的成功往往會讓你有舞台來展現出個人的多元才能、創造出人生的更多附加價值。而這些多元才能與附加價值，往往就是更多的潛在收入來源，這些附加價值有可能仍在你原本的本業之內，也有可能屬於業外。

舉例來說，我認識一位喜歡畫畫的年輕小女生，畫畫是她的興趣嗜好，儘管她在本業當中並不是負責做畫畫的工作，而是行政相關事務。因緣際會，公司需要設計一款LINE貼圖，而公司內的同事知道她喜歡畫畫，因此決定先不委外設計而是交給她試看看，結果獲得肯定，被公司直接採用作為公開的ＬＩＮＥ貼圖。

無論公司是否會給她一筆獎勵金，或者在年度考績當中有加分，那不是最重要的事。因為人的知名度和創造的價值是會累積的，在公司內部，會因為展現出了一項優異的才能而被認為具有附加價值，無論這個價值有沒有馬上變現，都將提升她在公司內的「總價值」，總價值愈高的員工，當公司有新的機會、新的發展時，往往具有較高的同儕競爭優勢；反過來說，在公司遇到困難而必須縮減人力或控制預算時，具備最高總價值的人（而薪資可能還沒充分反映出這價值，也就是成本低），被留下來機率也相對較高。

重點來了，當她在臉書上分享公司的ＬＩＮＥ貼圖（這本來就是公開的、希望被廣泛散播的行銷利器）被我注意到之後，發覺她的作品是符合我喜歡的風格，因而我主動邀請她擔任我一些軟性文章的插畫家，而且願意用很優渥的報酬來補償她在假日閒暇時間幫我畫這些插圖。畫畫是她的興趣，她能夠在閒暇時做自己最感興趣的事情，又因為幫助朋友而獲得額外收入、同時也增加自己作品曝光的機會。

未來職涯的重要發展趨勢之一：未來企業的經營，為了控制成本並且專注在核心競爭力上，會將愈來愈多的非常態性需求，外包給外部廠商或是接專案的個人工作室。這也使得具備才華與能力的人，有更多的機會獲取本職以外的收入來源。我們也可以說，只要擁有核心能力，將來不管職場如何改變，這些核心能力都將確保你有收入來源，不用擔心沒有工作。

給已經在職場中歷練過的人

大多數的成功人士都容易接受大眾傳媒訪問，就算沒有在公開的媒體曝光，也可能在小眾群組當中略有名聲，（例如：LINE群組、臉書社團、社區組織，或因特定興趣而組成的聚會或團體等）在小有名聲之後，就很容易發表自己的意見而且容易被看到，知名度就是這樣漸漸被打開的，從小群組內、到小眾媒體、逐步擴展到大眾媒體，最後成為某一個領域的成功人士或者意見領袖之一。

這意味著，將自己的才能在本業當中發揮到極致，讓自己在本業當中擁有發聲權、有話語權（你講的話有人想聽），那麼你要藉由這些知名度與人脈來展現出你多元的才能，被市場接受度相對較高，也就是靠本業的聲望來支持你展現多元才能與多元價值是一條捷徑。但前提是，你要先有很強的單槓，來支撐起你的斜槓。

這種成功案例不勝枚舉，就以本書作者之一的愛瑞克為例，本職是屬於金融投資專業領域，因為在本業的能力受到肯定，廣受來自各大金融機構、校園、社區大學、甚至民間機構邀約演講，從二〇〇一年至今的十七年期間，已經累積超過八百場次的中大型公開演講或擔任課程講師的經驗，從「投資的專業」跨到「演講的專業」，從一種核心能力發展成為兩種核心能力；時序進入二〇一六年當著作的《ETF煉金術：狠賺全球波段財》上市之後成為暢銷書籍，也因此又多了一個寫作的核心能力、再萌芽多出一個斜槓。

有熱情，才能在職場上發光發熱

你對於自己的工作有沒有熱情，是騙不了人的，你的同事、你的老闆、你的客戶，都知道。如果把自己放在一個缺乏熱情、沒有興趣的行業或職位上，很難出類拔萃，充其量不過是只為了一份穩定的薪水而已，但這樣的「穩定狀態」肯定不會太久，因為隨著科技的進步，職場變革速度愈來愈快，那些「只求一份穩定薪水」的人最可能率先被淘汰：因為你在工作上缺乏熱情是騙不了老闆的，就算你可以偽裝一陣子，也無法偽裝一輩子！

因此我給職場新鮮人一個忠告，就是儘可能尋找自己擁有濃厚興趣、想熱情投入的行業當起步，而且是讓你自己不用任何人督促，都會主動想要在行業當中不斷探索、學習、向上成長的那個領域。唯有對該領域擁有熱情，才會讓你不斷地投入自己的時間與精神在該領域中不斷精進，於是脫穎而出、出類拔萃的機率才會高。

如果是已經在職場當中工作了好幾年的人，對於現職缺乏熱情，這是一個警訊，主動積極正視這個警訊，採取必要的行動：檢視自己的核心能力是否不在這個職位上，避免放錯位置而造成自己和公司的損失。當確認自己核心能力不在現職上，如果合適，跟上司溝通看看是否有內部調動的機會？（說不定他會說：我等你這句話好久了）；如果不合適（一問就會被視為不滿現職／不忠於公司／可能已經在外面找公司／隨時準備要走人），另一個可以善用的管道就是，人力資源單位當中跟你比較熟的朋友，透過他們幫你想想辦法。如果沒辦法，那就只好靠自己思索，有沒有可能從現職當中去延伸出展現自己核心能力的機會？如果也沒機會，那麼真的該是你認真考慮轉換跑道，轉往真正熱情所在的領域了。

高手的提醒

無論是職場新鮮人、還是已經在職場上打滾過的人，尋找自己擁有熱情的領域、投入深耕發展，絕對是加速達到自我實現的一條捷徑。興趣能不能夠當飯吃？如果你找到是一個符合興趣又是你核心能力的領域深耕發展，當完全融入事物時，不吃飯都會拚命做，經過一定時間的累積實力，你的成功幾乎是必然的。

難題 35

對於單打獨鬥比較沒把握成功，如何找到志同道合的人才？

你得先做出成績，才能吸引優秀的夥伴。因為沒有人想要豬一樣的隊友。

要走得遠，你需要同伴

非洲有一句諺語：「要走得快，你一個人走；要走得遠，你需要同伴。」這是數百年來的前人智慧，直到目前，應用在職場或個人生涯發展都還是如此的受用。在非洲大陸上，你不僅會遭遇到極端惡劣的環境，例如滾滾黃沙的沙塵暴、或在沙漠中迷路（沙漠中可沒有地標建築可以給你辨認方向）、甚至遇到蛇蠍猛獸等等，自己一個人走，往往走不到目的地，甚至中途遇阻或危及生命。

未來，是沒有人到過的未知與茫然，人生是一場漫漫旅途，旅程中一定會遇到許多自己無法解決的問題，你會需要有伴同行。即便是你在一家大公司工作，擁有公司上上下下的各種資源，尚且都需要團隊合作了，何況是離開了公司，成為自雇工作者或創業者，當然更需要夥伴相互幫忙。

打團體戰，是素人贏家們的成功要素

根據Socialblade.com，於二〇一八年四月十七日，最新公布的「台灣YouTuber Top 50名單」（依據訂閱人數排名，扣掉品牌、媒體、藝人等頻道後，選出網路原生的素人頻道作為排名依據），觀察前十名的榜單（參見P234），我們可以發現，他們幾乎都是團隊運作，而不是一個人可以自己做得起來。

以下台灣前十大Youtuber的年收入幾乎都超過一千萬元新台幣以上，雖然是團隊作戰，利潤當然要成員共享，但如果靠自己，那必然打不進前十名。合力把餅做大，再把餅分著吃，可以說是以前工業時代成功的商業模式，如今跨入知識經濟時代也一致通用。如果你想要一人獨吞整塊餅，那麼很抱歉，肯定連餅都做不出來！

排名	頻道名稱	訂閱數（萬人）	總觀看數（萬次）	影片數量	成立時間	類型	上季排名
1	TGOP 這群人	250.0233	48049.0653	153	2008/6/7	娛樂	1
2	蔡阿嘎	171.7603	37477.358	506	2006/6/3	娛樂	2
3	阿滴英文	151.949	9676.1853	286	2015/1/11	教育	4
4	阿神	145.106	46742.1285	3221	2009/5/11	遊戲	3
5	聖結石 Saint	124.5802	31147.754	313	2013/6/10	搞笑	6
6	放火 Louis	119.1291	13405.0057	186	2012/9/1	搞笑	7
7	眾量級 CROWD	111.0242	26989.2999	292	2016/9/18	搞笑	12
8	菜喳	110.4794	27729.2325	401	2007/7/3	遊戲	9
9	魚乾	110.2155	16448.2646	331	2012/8/5	人物	8
10	安啾咪	109.4361	12732.8384	158	2011/10/15	人物	10

資料來源：Socialblade，統計至 2018 年 4 月 17 日

李柏鋒
這樣說

單打獨鬥沒有不好，一開始不一定有資源或機會可以找到對的夥伴，找錯人常常比找不到人更糟糕。

當然，有夥伴速度可以更快，自己一個人難免分身乏術，所以從這個角度出發，就會發現找夥伴最理想的方向是互補。

舉例來說，如果你是一個文字工作者，也許你認識的都是文字工作者，兩個文字工作者一起創業，適合嗎？其實也是有好處，例如你趕案子的時候，夥伴可以幫忙。但是這樣的合作並沒有解決什麼問題，因為可能你們兩人都不懂提案、談判、接案等業務能力，也不懂法務、財務，不僅商業機會擴展不易，還時常吃悶虧。

專業技能上，可以互補、互助、互利，這是尋找夥伴的先決條件。但是要走得長久，那就要具備相同的願景了，否則你們會很容易因為一些枝微末節的小事而拆夥。所以，你自己要先有願景，才有機會去找到相同願景的人，不是嗎？假設我要創業的話，我的願景會是「提供理財資訊，把投資的主導權還給投資人」，而你的願景可能是「提供理財資訊，讓投資人可以輕鬆投資」，這兩種願景乍看之下很接近，但一個是鼓勵學習與思考，一個是幫忙省時間、省力氣，其實是不同的方向，其實就不適合長久合作了。

你要先做出一些成績，才能夠吸引優秀夥伴

如果你想要找到「志同道合的人才」作為你的夥伴，那麼你自己必須先做出一些成績，讓別人看得見你。因為當你是處於「什麼都不是」（nobody）的無名小卒狀態時，除非是原本就認識你的親朋好友，否則別人並無法知道你的「志」和「道」是什麼啊，如何言及合作呢？

人生就是一連串的試驗與碰撞，經由歷練累積而成長。初期，在你沒沒無聞的時候，汲汲營營尋找夥伴是沒助益的，因為害怕被拖累，沒有人會選擇一個不甚了解的夥伴，所以江湖上人們常說：「不怕神一樣的對手，只怕豬一樣的隊友。」這句話可是其來有自，道出人們的心底話。因此，初期你無法靠「知名度」來幫你吸引志同道合的夥伴時，得靠自己主動出擊建立與別人的互動交流，來探詢是否有攜手邁進的可能性。

尋找名師或知名企業投靠是一條捷徑

在過去沒有網際網路的時代，上一輩白手起家的創業者們，多半都是靠「師徒制」培養自己實力、透過「民間社團」尋找志同道合的優秀人才，藉此來累積自己人脈。因為「名師出高徒」這句話體現了千百年來不變的智慧，選擇在名師門下工作，自然更容易找到技藝精湛的高徒可以相互合作，把餅做大。

到了知識經濟時代，這個方法依舊行之有效。你可以主動接觸、尋求領域當中比較成功的人士（或者成功的企業），從基層做起，一方面累積自己的實力，另一方面累積優質人脈、尋找團隊合作夥伴一起出來創業的機會。

此外，也因為有這些成功人士（或者知名企業）的知名度當你的後盾或靠山，往往同行中的其他業者比較會帶著尊敬和友善的態度來和你互動，甚至想要主動找你談合作（他們看中的是你背後的資源），因此，你的機會自然比其他人還要多。

善用網際網路上的大型平台

至於民間社團，在台灣傳統的民間四大社團為扶輪社、獅子會、青商會、同濟會，都是有不少中小企業老闆或傑出人士們參加的傳統社團，也是島內選舉的重要社會經濟資源。不過這在知識經濟時代，九〇後的年輕人比較不關注這類傳統社團、也比較不熱衷此一區塊，反而是網際網路上的社團，漸漸成為知識青年們群聚的主要平台。

Facebook的社團是現代知識青年群聚的場所之一，因為這個平台符合了「宅經濟」的潮流，以及「二十四小時營運」的優勢。目前在Facebook上，只要輸入關鍵字搜尋你想要的主題，幾乎都可以找到這一類的社團或者粉絲頁。藉由在這平台上與同好者多多互動，也是延攬其他志同道合者的另一條捷徑。

高手的提醒

個人的知名度和能否找到優秀合作夥伴，是雞生蛋、蛋生雞的問題，往往隨著個人的知名度提升，自然吸引更強的合作對象；因此，雖然是需要一點一滴地累積，卻是積沙成塔的力量啊。

難題 36

自己年紀已經不小了，似乎已經錯過該嘗試的年紀

年紀大不一定是劣勢，重點是不該限縮自己的格局，應讓自己看得更遠，懂自己的優劣勢，找出可以突破的機會點。

把人生的制高點拉高，看得更遠

投入職場多年的人，雖然擁有比年輕人更多的經驗和人脈，但在別人眼中，人生似乎都已經定位，大家對你的期望並不會太多，就以投資角度來比擬的話，屬一個低本益比的優質股票，雖然穩健，但高速成長的空間有限；相對地，年輕人具有創意、有衝勁、積極進取和學習能力快等特質，別人賦予他超乎現有能力的發展空間，去磨練學習，由於處於高成長、高潛力的階段，因而享有較高本益比。

工作上，老闆決定你的考績；人生上，只有你自己可以衡量你的人生價值。斜槓的精神在於人生多元發展，而不是去過著別人眼底下的人生。其實年紀不小的人，嘗試的空間比自己想像

得大，有經濟基礎、有人脈、有經驗、有想法，這些條件都不是年輕人可以相比的，關鍵在於你是否能夠以熱情與創意，將這些優勢資源整合起來，發揮出高創造力的價值。

或許有些人提問，如果失敗，不就沒辦法回頭了？事實上，一旦有從頭做起的考慮，這樣的思維就犯了一個退休族或較大年齡層常犯的錯，就是用孤注一擲的思維去轉行或投資；猶記得台灣在過去的年代爆發許多吸金案，就是利用退休族害怕失去工作重心又想要收取固定收益的心態，來進行詐騙，結果一群受害的退休族虧光所有的積蓄。因此，發展斜槓的重點在於，正確的嘗試方法和健全的心態必須要先建立；對於有家庭的人，必須先預留至少兩年的家庭支出費用，讓家人放心，在無後顧之憂的狀況下，施展抱負。

你不一定要進入減法的人生

有一定資歷的人，常常陷入一種困境：選擇很多，但限制也很多。例如，資深工程師，覺得自己可以寫程式、研究人工智慧、做程式教學或開咖啡店等等，但等到要開始時，卻又躊躇於年紀太大比不過年輕人，開咖啡店競爭太多，人工智慧要從頭學起等等。

當一個人選擇太多時，必須先著重在聚焦上，最好從你的核心能力和已經有的人脈、或培養已久的興趣著手。

老黑（田臨斌）是一位我很欣賞，活出多元人生的典範。他四十五歲時，事業正達高峰，因體悟所做非自己喜愛之事，為了實現自己多年的夢想，選擇自外商石油公司總經理職位退下，成為一個街頭藝人／專欄作家／旅遊達人。他的選擇，其實是多年來深藏內心的渴望，並從事已經醞釀和培養已久的興趣。

通常人們過了五十歲或退休之後，會覺得已經很了解自己，因此，對於某些自己不擅長、或者過去沒想要嘗試的領域，也就更加缺乏嘗試的動機。我很佩服台灣的一位鬼才導演盧建彰，他是廣告導演／詩人／小說家／作詞者／文創講師／跑者，同時也是許許多多知名廣告作品背後的主要推手，他說：「跑在去死的路上，我們真的活著嗎？」

在人生的下半場，有些人可能會不自主地開始進入「減法的人生」，由於考量到身體的健康狀況或者活動力下降，去的地方愈來愈少；吃的東西也愈來愈少樣，或者逐漸固定在較習慣吃的食物種類上。然而，根據腦神經科學研究顯示，人們沒有用到的神經迴路會被修剪掉，而愈常使用的神經迴路就愈會被強化。

然而，失智症多半發生在過去生活規律、一成不變的人身上，因為他們習慣了每天做相同的事情、走相同的路、吃相同的東西，以致腦中的神經元迴路數量愈來愈少，而存留下來的迴路則愈來愈強固，以致於對環境的變化逐漸缺乏了適應能力，最可怕的，則是失智。當我們漸漸記不住新的東西、記不住過去，甚至記不住家人，那麼就會像是和家人在茫茫人海中走失了一樣，而且永遠找不回來。如果你希望到了年老的時候，有滿滿的記憶可以做為回憶，那麼我建議你不要讓自己進入減法的人生，因為難得可以走這麼一遭，如果最後什麼都不能帶走，那麼也要帶著滿滿的回憶而離開。

高手的提醒

年紀大可以是你的優勢，而非弱勢。平時多方位培養興趣，現在當紅的工作，並不一定適合你，從認識自己出發，自然容易找到人生下半場想要扮演的角色。

關於年齡大，似乎錯過嘗試年紀，他們這樣說

江湖人稱S姐

你知道曹操是誰嗎？他其實是個軍事家，政治家，是個詩人，他到死之前都是斜槓。只是上個世代，工業化社會把人分類變成一條線而已。心態決定一切，別讓年紀限制你的思維模式。

邱沁宜

永遠不要讓年紀框住你的可能性。如果張忠謀都可以五十六歲才創業，並且讓台積電成為全球半導體龍頭，其實創業從來不嫌晚！重點是無論幾歲，都要保持對生活與學習的熱情！

李柏鋒

首先，我們都要承認，運氣在我們創業的過程中占了一定的分量。那麼，年紀大或小，其實就不太重要了，因為年紀輕的人，也許對新趨勢的接受度和熟悉度比較高，但是年紀大的人，也許因為人生經歷而對新趨勢可能面臨的挑戰與風險比較了解，到底誰比較有優勢，還很難說。

既然如此，不管你年紀大或小，也不管你性別是男是女，都不該成為阻礙你的理由。相反地，

你應該要好好盤點一下，你的年紀或性別，真的只是你的劣勢嗎？說不定換個角度看，這反而會是你的優勢。例如，年輕人可能沒認識幾個有消費能力的高資產客戶，但是年紀大的，你身邊也許就有很多這樣的朋友；又例如，年輕人的確比較了解最新的網路社群平台該怎麼使用，但是如果你不是倚老賣老讓年輕人討厭的那種長輩，你只是無私分享過往的經歷而不是下指導棋，也許能帶給年輕人在生活上或工作上許多啟發而大受歡迎。

重點真的不是年紀、性別、長相，而是你知不知道要如何盤點自己的優勢和劣勢，又知不知道從原本以為的劣勢，找出裡面的價值。台灣的知名畫家劉其偉，三十八歲去看了畫展之後，才開始自學繪畫；知名的肯德基爺爺桑德斯上校到六十六歲還失敗到領社會保險金，逼得他必須辛苦地走遍全國推銷他的炸雞方法、收取授權費。

黃一嘉

「蛤？你三十歲了，才要去當演員？」

在我決心辭去金融業工作，目標成為一位專業演員之時，身邊出現太多這種疑問的聲音！但我清楚知道，自己要走的演員道路跟別人是與眾不同的，我不是去競爭小鮮肉的位置，更不是走著青春偶像路線。

三十歲，可以扮演年輕爸爸、公司主管、甚至是強盜搶劫強暴犯……一齣戲裏頭有太多不同的角色，並非只有青春帥氣男主角。

於是，三十歲的我才進入知名劇團磨練演技與基本功，如果我真心想成為一位專業演員到老，至少，還有五十年的演員歲月得以創作、磨練與累績。

不走一般人以為的道路，年紀當然更不是阻礙我的因素，反而成為我在演員工作上的幫助。

甚至，三十以前在金融業、政治圈磨練的生活經驗，都能成為我作為演員的良好基礎檔案，運用在不同角色功課裡，令我的表演相較於其他演員更加特殊，創造出個人特色而被觀眾記憶。

闕又上

除非是從事體力的職業選手，不然許多夢想跟年紀無關，雷根七十歲當上總統，交出了美國評價不錯的政績。每個人內心或多或少，都有一個想實踐完成的夢想，與其在內心翻攪，成為一個思想的巨人，行動的侏儒，與其終身抱憾，不如點燃內心的熱情，勇敢地追逐然後無憾！關注當下，每天一點一點的朝那個方向努力和移動，你一定是贏家。因為第一，你已經無憾；第二，一不小心，你或許成功了！

難題
37
沒有妥善的規劃人生，需要一份有發展遠景的多職路徑圖

計畫趕不上變化，應讓自己可以不斷的適應多變的環境，提早做好準備和保持開放的心態。

人生不須過度規劃，學習適應變化

過去工作重視的是穩定性，選擇公司也希望可以朝向長遠和穩健發展；但隨著網路科技、共享經濟和新科技的應用日漸成熟，未來的職場結構和我們過去所經歷過的顯然不同，因此我們愈來愈難以事先規劃職涯，而是要掌握好能夠幫助我們無論在何種職場環境下都能夠發展順利的核心能力。其中一個最重要的核心能力之一，就是學習能力。

學習能力的涵蓋範圍廣泛，若對於已經進入職場的工作者來說，首要先建立「成長型思維」，這與我們過去在校園內學習的過程，普遍在有意或無意之中被訓練出來的「表現型思維」截然不同。在學校，比的是課業成績為主，因此

絕大多數的學生總是以「把每一科考一百分」為目標，就連體育成績、美術成績、操性成績、群育成績也都是用一百分當作目標，全部達到一百分就是最好的。

然而，到了職場上更需要「成長型思維」：目標不是設定於一百分，而是要持續比過去還要更進步。舉例來說，你今天打算要從台北開車前往墾丁，以「表現型思維」為主的做法，會事先查地圖和地址、設定好路況導航，而且根據導航系統所估計出來的六小時抵

張嘉玲
這樣說

對我來說，不是人人都要做斜槓青年，自己要先想清楚為何要多重職業？不管是什麼狀態、年紀下，明確擁有「目標感」是件很重要的事。

反而我覺得，斜槓這種多重職業並沒有你看到的這麼美好，檯面上那些讓你羨慕的多重職業者並非是大多數斜槓青年的常態，他們往往是在某一方面是很出眾的，甚至在某一方面已經成為專家，其他領域不過是恰恰從這個領域延伸出來的而已，也就是說，你看到的不過是混得比較好的那些人而已。

相反地，每個人的精力都是有限的，對於所謂大家追求的「斜槓」，我更喜歡完全相反的詞：「匠人」。匠人的精神，認真在自己有興趣的領域打磨。尤其我做的內容創業本質上就是「手藝」，沒有手藝幾乎可以不用玩了。為了成為多職而多職，反而是本末倒置了。

達目的地作為目標，事後來看，如果能夠比六小時更早抵達目標就令人滿意；而「成長型思維」的做法，儘管也可能會使用路況導航系統，但是並不會以估計的那六小時作為目標，而是上路後儘可能的以自己最順暢的方式開車，中途都沒有耽誤到時間，那麼就會是最快抵達目的地的方式。

或許在台北到墾丁，這一段大約六小時的車程為目的地的狀況下，「表現型思維」與「成長型思維」的差異不大，然而，如果你是要環遊世界一周，那麼由於涉及的交通工具太多種類，而且氣候條件、各國當地狀況都很難事先預估，「表現型思維」要得到滿意的結果會比較困難，而「成長型思維」則不僅過程比較快樂也容易達到快樂的結果。人生長達數十年甚至近百年，「成長型思維」的人，比較可以活得開心、活得更具意義。

「成長型思維」尤其適合工作型態屬於非制式、非系統化的職場環境，例如具有創新性質的小說家，儘管收入不穩定，但是只要作品持續有新的靈感、新的創意，那麼整個職涯發展就會相當好，這類的人由於平日已經習慣不穩定的職場生態，在環境變化大時，適應環境的能力卻是最強的一群。

面對未來未知的職涯生態，愈是具有創意與人性溫度的工作，就愈難被機器與人工智慧所取代，而你具備這方面的能力也很難被其他人所取代。因此，即使你現在身處在穩定的工作環境中（例如，大公司的職員或公務員等），保持多元的職場發展能力和創新能力，才是你職涯發展最好的規劃。

多職發展的各個階段

在發展多職的各個階段，需要的是分析現狀、了解環境、發現問題、改善問題的正向回饋思維，唯有透過不斷反思和調整，才能在多變的環境下生存，並穩健地走過每個階段。透過本書，針對斜槓的五十道難題所提出的解決方案，相信這就是你邁向發展多職人生道路時，最佳的參考指南。

想要多職發展的人，大致上會經歷過下面幾個階段：

階段1　自我評估：了解自己的興趣和擁有的技能，是否需要再學習？在市場上是否有競爭力？學習管道和費用如何滿足？這是一個透過認識自己和了解現狀的過程，若是遇到困難，例如，經費不足或技能不足，可透過正向回饋思維，找出問題並加以改善。若屬於個人能力的相關問題，可參考本書第四章（參見P43），可幫助你評估、協助你解決一些疑難雜症。

階段2 創意或概念形成：這個階段必須把創意和概念更具體化，多職工作發展的核心價值是什麼？是否需要做跨業整合？許多細節的部分，可以藉由商業計劃書（Business Plan）做更清楚描述，讓你的概念更完整。

階段3 建立服務或產品原型（Prototypes）：這個階段目的在於，落實你的想法和創意，確立產品的原型，可作為和市場接觸的基礎，並且當成調整和改進的依據。

階段4 可行性評估和調整：這個階段你可以和業界成功人士多交流，了解市場並進行可行性評估，服務或產品上是否需要再做調整改良，也可透過網路社群或是眾籌平台，了解市場接受度。

階段5 準備：這個階段要開始進行產品或服務上市前的所有準備工作，包括：原物料準備、人員招募和訓練、兼職或離職規劃等。

階段6 行銷：這個階段的重點在做精準行銷，同時建立個人品牌，包括：定價、通路、鐵粉經營和關鍵字行銷等工作。

高手的提醒

發展多職人生，不需做太長的職涯發展計畫，反而應該培養一個具有因勢利導的斜槓心態，不要過度倚賴過去成功模式，並提早做好準備和保持開放的心態。

難題 38

缺乏一套 SOP

由於不同的斜槓路線會有截然不同的 SOP，因此作者以三種常見的不同發展類型來提供建議：繼續保有本業的斜槓者、斜槓微創業者、自由工作者。

如果你是繼續保有本業的斜槓者

在本業發展之外，多發展出一、兩種斜槓角色，也就是在不放棄原有工作的同時，去拓展多元的領域，這是最常見的斜槓路徑，往往也是成功率最高（陣亡率最低）的一種模式。在這種路徑下，主要收入還是靠本業，而其他斜槓角色，往往只是由興趣和第二專長出發，可能或許有額外收入，但比重不會過半。

有兩件事情，是在開始前一定要先做好準備：

1. 設立目標

包括你希望花多少時間比重來經營這些斜槓角色，以及預期增加多少的收入。預先思考評估過你要付出的時間和心力，以及你能夠獲得的回報（有時未必是金錢的報償，而是增加人生的快樂、豐富度、平衡感、價值感、成就感等等），將有助於你將來遇到和本業角色有所衝突時，知道如何取捨，不至於當猝不及防的角色衝突、時間衝突、資源衝突時，陷入不開心或者焦慮、沮喪的處境；預先給自己一個明確的界定，將可以在未來遇到兩難時，可以明快的取捨並做決定。

2. 與主管和同事取得共識

在合適的時機和他們溝通，並取得他們的支持或諒解。因為如果你讓本業的主管或同事覺得你不務正業，或者讓他們懷疑你可能將無心繼續在原本的職位上努力，這種身兼二職的斜槓生涯發展，可能遭到主管或同事的反彈而被迫取捨。如果本業以外的角色並沒有有收入或許還好，假如有業外收入，建議最好提出讓公司知道，在公司允許的狀態下來進行，一來可以光明正大在檯面上進行，二來不怕檯面下人家說閒話（公司支持你就是最好的背書）。

張尤金
這樣說

起步階段「時間管理」是關鍵。以部落客為例，如何在朝九晚五的全職工作外，建立起「設定（篇數或人氣）目標→蒐整資料→分析加工→寫作→發文」的SOP並重複執行，將事半功倍。

如果你是斜槓微創業者

傳統的「創業」和這裡所談的「斜槓微創業」，主要差別在前者需要籌措資金，才有足夠的資本額來成立公司，以支應公司的開銷；後者往往不太需要資金，因此財務負擔比較小，只要能顧好個人生活開銷就行。涉及籌措資金成立公司的創業，複雜度高，並非本書探討的重點，以下只以「斜槓微創業」做為建議的準備流程。

1. 設立營運計畫與目標

由於已經離開受雇的角色而自己當老闆（自雇者、個人工作室），因此一定要擬定「營運計畫」以確保未來收入有所保障、降低創業失敗的風險。多接觸各種訊息與資源管道，是開始之前必要的準備。因為《孫子兵法》有云：「知己知彼，百戰不殆。」意思就是除了要清楚自己的優勢和弱點之外，也必須知道你所投入的領域當中的競爭狀況，才不會莽撞進入市場後，才發現嚴重錯估情勢，愈晚退出，往往損失愈大。通常一家成功的企業一定有它獲利的商業模式（Business Model）。你可以在創業之前，先研究看看你想投入的領域當中，成功企業的獲利模式是什麼，從中吸取經驗。

2. 慎選品牌或公司名稱

因為好的名稱將有助於你在市場上的辨識度，以及在網路上被搜尋到的機率。如果有設立公司的話，也要慎選營業項目，因為按照台灣現行規定，任何一家公司都必須加入所對應的產業同業公會，是故從命名、選定營業項目以及挑選公會都需具有一致性，這可以減少你將來變更名稱、變更營業項目、或變更公會登記時，所造成的困擾。

3. 訂定財務規劃與目標

會想創業，不外乎是賺錢以及追求人生的自我實現，而財務就是公司營運所需的最基本要素。時有所聞，有些公司因為財務出問題而倒閉，事實上，並不是產品不好或服務不好，而是資金周轉不靈所導致。因此事先規劃好每個月營運的收入與支出，才能夠確保不會在奮鬥的過程當中，因為資金短缺，導致夢想被迫中斷。

4. 人力需求與保險準備

即便是斜槓微創業，也需要不同領域的專業知識與技能上的協助，不是自己能夠搞定。因此，你必須在創業初期預先列出可能需要請求協助的人力、先徵詢你所認識的朋友是否願意幫忙，因為認識的人，收費上可能會較優惠，甚至會無償幫助你。此外，你要留意每個人都會老，你愈晚找朋友幫忙，他們的機會成本就相對愈高。個人的保險也是必要的考量，尤其在醫療險、意外險、癌症險，這幾種你無法掌握的身體健康風險，避免因為大筆資金的醫療或意外支出，導致你的財務亮起紅燈。

如果你是自由工作者

「自由工作者」和「斜槓微創業」同樣都是自雇者，而最大差別在於創業者是以事業為首要目標，而自由工作者想要更自由而平衡的生活。既然並不是以事業（或者賺錢）為優先考量，那麼需要做的事前準備也就沒有創業者那麼複雜、嚴謹，但是「設立目標」和「財務規劃」，仍是必要的事前功課。

1. 設立目標

你必須明確的定義自己努力的目標、排出優先序。包括賺錢、聲望、照顧家人、平衡的生活、自我夢想的追尋……等等，你在一開始就先把這些優先序排出來，將有助於你更有效地運用時間。因為時間很有限，而這些不同的目標往往在時間的安排會有所衝突，你愈能夠明確、甚至是直覺地做出取捨與判斷，愈可不必浪費時間在勞心傷神間打轉。

2. 財務規劃

離開原本任職的公司，也就少了穩定的收入來源，往往會造成你另一半或家人的不安全感。如果冀望在自由工作者這條道路上走得穩、走得久，一定要得到另一半或家人完全支持，而最好的方式就是穩定的財務狀況。安納金常說：「無恆產者，必無恆心。」因為如果你的收入不穩定，信心自然容易搖擺，也容易感受到另一半或家人對你的信心不足而中途放棄原本的想法。很多事情並不是你沒有看對方向，而是信心受憾動而沒毅力堅持到最後所致。

高手的提醒

無論你要走的是哪一條路線，一定要先確立目標，因為巴菲特說過：「在錯誤的道路上，你奔跑也沒有用！」妥善的財務規劃，是確保在沒有後顧之憂的狀況下，持續去追尋你的理想。人們往往並不是沒有能力去實現理想，而是沒有足夠讓自己支撐到最後的本錢。

難題 39

有學齡孩子的職業婦女如何開始？

「限制」其實可以激發一個人無限的潛能。若能運用本身具有的天分和特質，還是可以揮灑自己美麗的人生。

創作型工作，往往不受時間地點的限制

在過去的觀念當中，有學齡孩童的職業婦女，下班後的安排以照顧小孩和家庭為重，因此可以發展斜槓的時間，就是在假日、小孩休息或生活的空檔零碎時間（除非自己創業）。因此，業務類型工作、需要配合客戶時間、工時沒有彈性等等的工作型態，並不適合作為職業婦女的多職選項，至於其他形式的工作類型，似乎可選擇的也不多。

然而，目前在多元發展社會型態和社群網路平台蓬勃發展下，已經有愈來愈多的機會和發揮空間可以實現夢想，舉例來說，創作型工作就很適合，例如，作家、畫家、部落客、翻譯、美術設計、網頁設計、穿搭或彩妝教學，或其他屬於

知識型工作者等等。由於這些創作型工作具有時間彈性和凸顯個人才華等特質，特別適合有創作天分的職業婦女。

慎選網際網路與電商型工作

拜網際網路普及之賜，人們不用出門就可以在網路上解決生活大小事，這也使得各類商機在網路上幾乎無所不在。電子商務（簡稱「電商」）相關的工作同樣也比較不受時間和地點的限制，例如，網拍、跨境批貨買賣、網路行銷、個人賣家等等，幾乎無所不包的電商工作，大多數有學齡孩子的媽媽們也都可以做。

但請不要忘記了，斜槓精神不是為了多一份工作，而是要活出更有價值的多元人生，妳對電商工作是否有熱情很重要。如果妳對這些增加的工作沒有熱情，或者藉此發掘自己的其他優勢或專長，這樣做，不過是拿時間換取金錢罷了。能夠以時間換取金錢的選項很多，然而，除了投資理財以外，不太建議這麼做，寧可多多培養親子關係，在小孩尚且需要妳的陪伴成長時，花時間培養親情就是一種很好的投資，因為親情是可以受用一輩子的資產，而時間只會不斷地流逝。

倘若，從事電商型工作讓妳感到有趣、一份成就感，在不占據太多培養親子關係的前提下，我會建議妳著重個人品牌的經營、累積屬於妳個人的魅力資產與人脈資產。因為網際網路沒有國界，中國大陸的電商業者往往具有低成本、規模經濟的效益，而讓網路上的零售行業受到極大的競爭壓力；此外，隨著現在生產技術發達、不斷地推陳出新，產品的生命週期都相對縮短，因此，如果妳想要在這個領域當中生存、甚至占有一席之地，著重在建立屬於妳的個人特色與魅力，培養屬於妳的忠實客戶、增加自己的人脈資源，這才是所付出的努力可以持續累積下來的資產；未來就算妳不再繼續做電商，這些資產也能夠跟著妳，支持妳到其他的領域去發展，屬於一本萬利的「投資」——妳要投資時間，而非變賣時間。

限制，卻可能激發妳更大的潛能

最成功的斜槓婦女典範之一，就是《哈利波特》暢銷系列的創作者J．K．羅琳。她原本不僅有學齡孩童需要照顧，還是個貧窮的單親媽媽；年幼時就喜歡寫奇幻故事，且對周遭人事物敏銳觀察的能力。《哈利波特》當中的許多角色，也都來自於作者青少年時期，自己和同學的投射，由於具備小說家的特質與天分，再加上個人機遇，讓她成為在全世界廣為人知的斜槓婦女（小說家／創業家／慈善家）。

J．K．羅琳提到，「限制」其實可以激發一個人無限的潛能。如果想要突破既有生活限制，就必須超越限制，妳的創造力和靈感，往往也因此油然而生。「限制」表面看來像是障礙，但如果你正確地利用它，「限制」其實可以激發出讓人驚艷的無限可能。

綜觀人類歷史上，許多技術的重大突破，都是發生在最艱困的時期，例如愛因斯坦在第一次世界大戰期間，發表了相對論、並在第二次世界大戰期間，發明了原子彈，美軍在廣島和長崎投下的原子彈終結了第二次世界大戰。往往資源的貧乏、現實生活中的阻礙，更會激發人想要尋求突破；相反地，順境讓人安逸於現況，因而表現平凡。妳必須了解，逆境和限制，往往都是暫時的而非永久（妳學齡中的小孩到高中之後，可能希望更多的獨立自主空間、不希望被過度關心），當身處於限制較多的時期，就先預做思考與準備，一旦限制消除之後，妳便能迅速展翅高飛。

高手的提醒

有學齡孩子的職業婦女，雖然短暫限制很多，但若能運用本身具有的天分和特質，還是可以揮灑自己美麗的人生。假如當初 J．K．羅琳因為失婚單親，而放棄寫作的熱情，就不會誕生後來令人驚艷的《哈利波特》系列作品。

難題
40

要開始斜槓人生之前，有什麼是必須先準備好的呢？

好的心理素質是一切成功的基礎，決定步入斜槓人生前，必先做好三大最根本的心理建設：確認自己熱情的領域、喚醒心中的巨人、建立正確的金錢觀與理財觀。

第一步：確認自己最有熱情的領域

在未來，人工智慧與機器人被廣泛運用到職場上的時候，那些無法由人工智慧和機器人所取代的能力或特質，在未來世界裡將更顯得珍貴。其中，人們的熱情就是一個典型無法在機器人身上找到的事物，如果你對於一件事情缺乏熱情，那麼絕對是騙不了其他人的，對於一個缺乏熱情的工作，要達到卓越、出類拔萃的水準幾乎是不太可能的；相反地，如果你對於一件事情充滿了熱情，那麼無論遇到多少挑戰、面對多少的競爭壓力，你都會自己努力克服。

有誰會對自己充滿熱情的事物抱怨呢？不會的，你不吃飯不睡覺甚至不領薪水都願意拚了命去做了，怎麼有抱怨呢？我過去二十多年來，大量閱讀了國內外許多成功人士的傳記和著作，發現這些人都是對於自己所投入的領域充滿熱情，而且不抱怨、不「討拍」（需要別人的安慰），甚至好幾位成功人士都建議我們，要遠離愛抱怨的人。

因此，在你開啟斜槓生涯之前，一定要先確定你投入的這些領域，是不是你最有熱情的領域？如果不是，那麼我寧可建議你好好鞏固原本既有的本業，至少還有因長時間經驗累積的優勢，進入一個你熱情不夠的新領域，不僅勝算不高，甚至可能會動搖到你的本業，結果落得兩頭空的下場。

第二步：喚醒自己心中的巨人

我在一九九四年的時候讀了一本書《喚醒心中的巨人》，對我個人生涯發展有很正面的影響。作者安東尼・羅賓（Anthony Robbins），是美國著名心理學專家以及公認的成功學、激勵學方面頂尖的大師，接受他諮詢和激勵的，包括：美國總統柯林頓、南非領導人曼德拉、網壇巨星阿加西、拳王泰森等。他說：「每個人身上都蘊藏著一份特殊的才能，

張尤金
這樣說

先確認現有的正職或主業能讓自己衣食無虞，如此才能遊刃有餘，有充足的時間及精力去學習新知識技能；此外，要做好「隨時隨地都在工作」的心理準備與時間規劃。

那份才能有如一位熟睡的巨人，就等我們去喚醒他。」

當時我覺得這本書真的是棒極了！儘管我還是大一的學生，根本不知道懂這些要做什麼？但內心卻充滿了無限的希望和力量（果然是年輕人啊），讓我正面應對往後人生的每一次挑戰，一本初衷的、全力以赴面對任何的新領域。不過我必須告訴你一個壞消息，那本書已經絕版了，而且絕版了很久，所以應該很難看到；好消息是經過十多年之後，《祕密》（Rhonda Byrne 著，二〇〇六年問世）這一本書在全世界熱銷上千萬冊，被翻譯達三十多國語言，我慢慢才了解，原來這些書描述的都是類似的觀念：潛意識的力量，以及要找到自己的「天命」。

潛意識的力量有多大？市面上有許多這方面的課程和書籍，有相關探討，在此書暫不贅述。倒是「天命」是什麼？這值得我們好好探究。早在二千多年前，孔子就說過：「吾十有五而志於學，三十而立，四十而不惑，五十而知天命，六十而耳順，七十而從心所欲，不踰矩。」這段話我們以前都念過，但是很多人至今，還一知半解的。

有些人認為「五十而知天命」的意思是「萬般皆有命，半點不由人」，把人生的際遇歸因於上天的安排，這是最消極無奈的想法；比較積極的人解讀為「樂天知命」，相信命運由個人心念所主宰，因此逆來也可以順受，如果願意改變自己的想法和心態，那麼也因此調整命運的發展。以上都是中國傳統的儒家思想，但是我想分享的是歐美成熟國家對於天命的觀點，是「找到自己具有熱情、又具有優勢的領域」，如果你能夠在人生當中，找到符合這樣條件的領域，那麼恭喜你！你的發展會像如虎添翼般表現出眾，甚至達到成功卓越的水準。

當然，每個人不會天生就知道自己的天命在哪裡，因此需要人生的歷練，去追尋、去探索、去試煉、從實做當中發掘與體驗，有些人運氣好，會突然某一天赫然發覺：「天啊！我找到自己人生的目標了！」也有些人是在不斷的失敗與挫折之後，知道哪些路行不通，而在不斷的刪去法之後，找到自己相對有機會的天命所在。

德國史上的一位全球知名斜槓人士，叫做約翰．沃爾夫岡．馮．哥德（Johann Wolfgang von Goethe，一七四九年八月二十八日—一八三二年三月二十二日），他是詩人／自然科學家／文藝理論家／政客，他有許多至理名言，在迄今數百年來，被世人傳頌著，其中一句是：「沒有人事先了解自己到底有多大的力量，直到他試過以後才知道。」如果你現在還很年輕，那麼就勇敢的去嘗試吧！如果你年紀已經不小了，也別放棄，繼續找，你終究會找到的（古人平均可能要到五十歲才找到啊）。

第三步：建立正確的金錢觀與理財觀

我很推崇投資圈的一位前輩闕又上，他有一本著作《華爾街操盤手給年輕人的15堂理財課》裡面談到：「為什麼年收入一千五百萬的醫生，執業多年，至今仍需要每日清晨五點就起床，辛苦打拚？即使是聰明如醫生，也可能投資一口氣虧掉二千五百萬。聰明人沒有正確的理財投資腦袋，縱使年收入千萬也枉然……。」在他近三十年的投資管理生涯中，接觸過許多聰明優秀或世界名校的人才和個案，他們會投資失敗，不是因為數學或聰明出了問題，而是被錯誤的認知所誤導。

因此，無論你打算投入哪一個領域，你都必須先建立一套正確的金錢觀與理財觀，因為它就像一個人的財務根基，你必須先把這個基礎架構建立好，之後你賺的錢才會產生堆疊、加速膨脹的複利效果。錯誤的財務觀念，無論你賺再多錢，都會不斷流失、無法保住，甚至一夕傾倒！

高手的提醒

你要步入斜槓人生之前，最重要的當然是確定「你要開始斜槓人生」這件事，是對的、在對的方向上。巴菲特有一句名言：「在錯誤的道路上，你奔跑也沒有用！」而所謂正確的道路、正確的方向，只要是你具有熱情、而且具有優勢的領域，通常就不會錯了。

李柏鋒 這樣說

一份能獲得工作自由的專業。

什麼是工作自由呢？其實就是你擁有一份專業，讓你可以自由地選擇自己的老闆，看這個老闆不順眼，你可以毫不猶豫地離職，因為你知道你不會找不到工作，這市場上有很多公司都需要你的專業。

如果你的能力沒有強到足以跟老闆談判，你不但很難獲得主業之外的工作機會，即使能夠兼職接案，也不會有足夠的籌碼跟客戶談判。你會發現，你的主業並不是在發展自己的專業，而是在幫別人執行工作，而你的兼職往往也只是販賣自己的時間而不是自己的專業。

舉例來說，如果你是一個程式設計師，在工作之餘，也參與許多開源社群的活動，你將會建立自己的專業能力圈與社群知名度。久而久之，當公司需要聘人的時候，你能很精準地介紹對的人加入團隊，而你的能力也會被公司外的社群認識，甚至開始有一些被挖角或是接案的機會，例如開始當講師、寫專欄或出書。

你漸漸開始感受到，你在公司外有愈來愈多的機會，這也會讓你在公司有更多的談判籌碼。即使原本的工作不同意你的斜槓，你也有機會轉換到另一個工作，而那份工作打從一開始就知道，你是個意見領袖、社群參與者或是擁有問題解決能力的專家，那麼在面試的時候，就可以把彼此的合作方式談清楚，你讓自己的專業幫你爭取到斜槓的可能。

這個時候，就表示你已經做好斜槓的準備了，甚至不只是你，其實公司也準備好了，因為你的斜槓對公司不再是「你斜槓之後到底有沒有全心全意為公司而努力」的擔憂，而是「公司因為你的斜槓而獲得了原本沒有的龐大資源」的放心。

請記得，公司不希望看到的是「無法管理」，但是一個專業的斜槓工作者，就必須讓自己的客戶都知道自己是很有紀律，也能有效自我管理的，合作起來自然就會愉快。

11

CHAPTER

與全職工作取捨的問題

未來想一輩子領薪水到退休，愈來愈難。因此，在你現職還算安穩的同時，儘早補強目前缺乏的能力，就算你不考慮往斜槓發展，至少也能夠確保自己的職涯，可以走得長長久久、不被淘汰。

難題 41

本業仍須精進，也怕分心影響到正職，希望等自己歷練完整後再開始

在發展斜槓前，本業一定要先穩固。在壯大自己在本業當中的知名度以及累積人脈資源後，才開始發展第二專長。

穩固本業的三大好處，你一定要搞懂

在本書的另外好幾道難題當中，都有提到「透過穩固單槓（本業）來支撐斜槓（副業）」的建議，因此，把屬於你核心能力所在的本業先壯大了，之後再發展出第二專長與多重附加價值，才是較有效率的路徑選項。因為在許多中大型公司當中可以擁有的資源和合作機會，遠比小公司或個人工作者大過太多倍。

先將本業所任職公司當中的職務做到好、做到滿，有三大好處：（1）學習到本職學能以外的更多周邊能力和技巧；（2）原本的公司和原本的同事將是你未來自主發展時的最基本人脈；（3）公司的往來合作廠商或客戶有可能是你未來的貴人。

許多歷練在中大型公司才有機會

如果你想要成為一個能力夠完整的人才，將來自己創業當老闆（或者單純一點就是當個自由工作者），你必須學會的許多能力和技巧，並不是你在本職專長當中就會的，例如人際溝通互動技巧、管理人的能力、簡報與說服技巧、談判與議價能力、時間管理能力、專案管理能力……等等，這些往往在中大型公司當中才會有較完整的學習機會，而且剛進公司時，通常會指派經驗豐富的導師（mentor）來帶你、指導你，等於是免費讓你學會以上這些種種的技巧。

如果你不在具備有一定規模以上的公司服務，那麼要靠自己在社會中行走，跌跌撞撞的磨練出來上述這些能力或技巧，或者自費去外面上課學習的話，付出的代價就太高了。

事實上，許多創業者原本都是待過中大型企業，擁有完整的歷練，出來自己開業，成功機率才會高。因此，如果你待的是一家中大型公司，而且認為自己在本業的精進空間還很大的話，那麼，我會建議你繼續投入熱情在你的本職上，不斷讓自己在公司內部「學習與成長的邊際效益」維持在很高的狀態，直到那個邊際效益遞減了、而且降到感覺已經學不太到東西的時候，才考慮往外發展。

如果你待的是小公司，那麼公司老闆（最好他是創業者），就會是你最好的學習對象，這種在成功創業者或老闆旁邊近身學習的機會不多，你要把握機會多多觀摩、適時請教，不懂就多問，通常這類創業者普遍喜歡侃侃而談，為自己從無到有、白手起家創業成功的經驗而感到相當自豪。

原本的公司和原本的同事，將是你未來自主發展時的最基本人脈

對人脈來說，待過中大型企業最大的好處，就是可以認識很多人，光是公司內部的同事就很多了，有些大型集團還有許多關係企業的姐妹公司，也就更多潛在的人脈可以認識。你必須善用自己還待在這些中大型企業的時間，好好把握每一個可以展現出你才能（與才華）的機會，因為只要你能力更好，而且把握夠多的場合被看到，那麼你的能力受到的肯定和知名度，已經在無形當中不斷累積了。

曾經有一年，愛瑞克被指派必須代表「國泰投信」出席集團該季的企業永續大會，對集團內所有子公司的高階主管進行十五分鐘的簡報，報告有關公司在企業永續方面的成果與現

況。該會議有二百多人參加，站在金控總經理和所有子公司一級主管面前簡報，壓力之大，可想而知。但是充分的事前準備、演練再演練（事前兩週內在公司內部試講兩次、自己對自己試講十多次），當天的簡報獲得主管們極高的評價，甚至離場時，另外一家子公司的高階主管，直接走到愛瑞克與自己公司的總經理面前說：「你叫 Eric 喔，好！我記起來了！」因為深獲包括總經理在內的多位主管肯定，後來愛瑞克成為國泰投信首席講師，專心負責公司對外的大型簡報以及擔任對銷售機構的教育訓練課程主講人，一點也不覺得意外。

公司的往來合作廠商或客戶有可能是你未來的貴人

待過中大型企業的另一個好處，就是往來的上下游合作廠商很多、客戶也很多。這裡並不是說要去濫用原本公司資源來謀取私利或者搶客戶，而且有些大公司會有競業條款，限定重要員工離職之後的一定期間之內，不得從事競爭業務或接觸原本客戶。然而，有些人會離開中大型企業，並不是競爭者（同業），而是為了興趣和熱情而轉換跑道，跨入不同的領域（異業）去發展。

雖然屬於不同領域，可能還是會需要某些上游供應商的產品或服務，這時候，你可以選擇的合作對象就很多，不用重新探尋或者重新建立關係。同時，因為對之前公司的客戶服務得很好、贏得信賴，因此在轉換跑道進入不同領域之後，這些老客戶仍舊很樂於和你往來，儘管是提供截然不同的服務或產品。往往有些老客戶會和你成為朋友關係，而在你自主發展（或者斜槓人生）過程，成為提拔你、支持你的貴人。

高手的提醒

只要是自己認為在公司內部「學習與成長的邊際效益」仍維持在很高的狀態，那麼你應該專注於本業、繼續待在現有公司好好地努力學習與發展，壯大自己在本業當中的知名度以及累積人脈資源，無論將來是繼續在業內發展、還是成為斜槓青年、甚至跨業創業，都是最佳的資源。

李柏鋒
這樣說

一開始的兼職，其實可以去尋找大量的刻意練習機會。例如你如果是髮型設計師，你的兼職可以是戲劇表演的髮妝助理，你並不會有機會「設計」，只能「執行」和「重現」別人設計。可是你會在很緊迫的時間內接觸到很多演員，幫他們處理各種造型、熟悉各種髮質與頭型，這種刻意練習對你的幫助很大。

接下來，可能你會開始遇到瓶頸，再怎麼練習都很難進步，你必須要開始知道怎麼投資自己，例如找到比你資深很多的人來當你的教練和顧問，可能得花不少錢，但是你能進步很快，因為在你大量練習之後，你的優點和缺點都會比原來更明顯，而對的導師可以強化你的優點，讓你在專業領域找到競爭力的護城河，也能改善你的缺點，甚至將缺點轉變為你的獨特風格。很多人其實都在這個階段卡關，因為只知道埋頭苦練，卻不知道槓桿別人的專業與經驗。

最後，你就必須累積自己的「作品」。在這個階段，開始讓代表作幫你說話、宣傳、被市場看見。你必須廢寢忘食、不計代價，打造出一個代表作，例如談下一個上億的專案、做出一個得獎的作品、寫出一篇被同業廣為流傳的經典好文。

等你歷練更完整？開玩笑，等待是不能被規劃的，專業的人都知道：別等待、動作快。

難題

42

怕被老闆知道自己在忙其他個人事業，需要更多老闆的支持

個人是也是產品的一部分，無論是年輕人或中年人創業，都必須經營好個人品牌，在爭取企業主和公司支持上才能取得優勢。

剛步入職場的社會新鮮人

如果你是社會新鮮人，對於生涯規劃仍處於茫然的階段時，其實你需要的是強化自己的核心能力。以斜槓人生而言，第一個斜槓能力仍未建立，建議要先從產業著手，找一個適合你的產業或有興趣的產業先培養核心能力，例如，你的強項在理工範疇，可以選擇高科技產業著手，先建立對產業供應鏈和製造流程的認識；若你的興趣或專業背景是業務或行銷，則可以進入有品牌知名度的中大型公司，建立自己對於品牌管理、產品銷售預測、行銷活動安排和通路管理等的基礎認識。

由於你在工作上仍有許多值得學習的空間，因此先專注軟實力的養成，例如：解決問題能

力、跨部門溝通、團隊合作、專案管理等，這些軟實力都有助於你成為更好的斜槓青年。因此，除非你在工作上的表現讓你的老闆很滿意，同時和老闆關係也很好，否則不建議個人事業讓你的老闆知道，畢竟這對公司並沒有附加價值，甚至還造成老闆誤解，以為你即將要離開現有的工作。

已經在職場工作好幾年的人

如果你已經在職場好幾年了，並且已經具備相當的核心能力和社會歷練，同時你的核心能力即使脫離原本公司也能被認可，這時，讓老闆知道你要發展個人事業的風險，會相對較低。因為，這時候老闆相對思考，你的個人事業是否可在原本公司平台上發展？例如，轉調至更能夠發揮的職位，甚至成立新的職缺或新的事業發展部門進行開發。現在國內外愈來愈多的大型企業鼓勵員工「內部創業」，用公司資源幫助你圓夢，同時也促進了公司在產品與服務創新上的競爭力。

倘若，你的個人事業在原本公司並沒有發展空間，由於你已經在業界擁有相當人脈，我會建議你先徵詢業界資深人士的意見，不要太草率地做決定，因為雖然長時間在原本的角色上經營、累積了許多的資源，然而未必知道，如何充分地去運用這些資源來整合出最大的效益。往往業界資深前輩具有較多的經驗，知道如何整合運用資源，或者他們也經歷過更多業內或業外的案例，可以做為未來發展的參考或借鏡。你要充分利用這些人脈資源，來協助自己找出效益最高的一條發展路線，這會比你埋頭苦幹或一意孤行來得更有效、更安全。

另外，如果公司內部並沒有讓你做創新產品提案的機制、也缺乏內部創業機會，那麼，隨著網路平台多樣化，有意尋求企業主支持的方式，也可透過網路眾籌平台來募資，透過群眾的力量完成產品，同時驗證產品對大眾的接受度。如果你的創新產品確實受到了社會大眾的喜愛，自然多了有利的選擇，是否要在公司繼續發展，又或者自行創業。

好的產品加上好的個人品牌，無往不利

常常有創業者，有了很好的想法，完成商業計畫書（Business Plan）後，就急於爭取企業主的支持，卻往往鎩羽而歸，歸咎原因，通常有下列幾點：

原因1 商業計畫太複雜

許多商業計畫書寫得太複雜，失去焦點，看不到核心價值，包括：商業流程太複雜、需要高度系統整合、建置成本太高和可行度低等。這時候我會建議你簡化旁枝末節，濃縮成一頁，用最簡潔的方式讓企業主了解，通常老闆沒有耐心在一份看不出重點的計畫書上。你如果能夠在一分鐘內讓老闆眼睛一亮，想要了解更多，那麼後續你自然有機會進一步詳細解說，這就是最近很夯的「一分鐘簡報術」。

原因2 個人品牌不佳

企業主在看你所提出的產品構想或商業計畫書之前，往往直覺的回顧過去所開發過的產品，以及你以往的工作表現。倘若過去的表現平平、或者有一些失敗的紀錄，那麼在爭取支持上可能顯得弱勢，這時候我會建議你不要自己提案，而是找公司內部創新產品提案或者新事業發展上比較有經驗的人討論，透過他們的補強、潤飾過後，再去提案，這樣會提高勝算；倘若你的構想夠好，甚至有可能會支持你的產品或計畫，一起向公司高層爭取認同機會。

原因3 產品創新不足

提出的計畫沒有先做過市場分析？是否競爭者已經做出類似產品？推出的效益是否真

的如你這麼樂觀預期？產品的利基點不足以吸引現有客戶？這些問題往往不是自己一個人能夠做出客觀的判斷，因此在你提出計畫案前，最好事先與這類產品的重度使用者（heavy users）討論過，強化你的產品創新感、確保有一定程度上的競爭力，之後再提出，這樣勝算也會提高。

高手的提醒

個人也是產品的一部分，無論是年輕人或中年人創業，都必須經營好個人品牌，在爭取企業主和公司支持上才能取得優勢。此外，個人事業發展爭取支持的管道愈來愈多元化，無論是內部創業、企業主支持或群眾募資，產品的創意和可行性是其中關鍵成功因素。

關於怕老闆知道發展斜槓，他們這樣說

江湖人稱S姐

可以低調沒關係，但提醒你，你的老闆每天都在想怎麼創造更多不同的事業。老闆絕對不會保你到退休，也不會保你一輩子的收入跟改變你的生活方式。是你自己，世代正在改變，夠斜也能勝正（邪不勝正）。

李柏鋒

你仔細觀察，可能會發現其實老闆自己可能就是個超級斜槓，不只創辦一家公司、不只一份工作，甚至還兼了很多協會理事長、活動主辦人、作家、講師等角色，所以老闆真的無法理解與認同「斜槓」嗎？未必，他擔心的不是斜槓，而是斜槓之後，員工卻沒做好公司的事、公司付出的成本卻沒有合理的回報，以及其他沒有斜槓能力的員工的眼紅心態。

所以針對這些擔心，你能怎麼幫老闆解決呢？不是企業主要去支持你，而是你自己要知道怎麼做，才能讓企業主放心你的斜槓。

你有沒有做好公司的事呢？該做的事情好到超乎預期，該拿到的績效持續都有優質表現，誰會擔心？

你拿了五萬的薪水，有沒有回饋公司好幾倍的價值創造？所有的老闆每天都在算，你也要懂得算。你拿五萬的薪水是憑什麼？你會不會被更年輕的畢業生，以三萬的薪水取代？你拿五萬的薪水，公司包含你的勞健保、勞退提撥等成本加一加可能是七、八萬，你創造的價值有沒有二、三十萬以上？沒有，那聘你是賠錢的，你還想斜槓？你該擔心的是自己被槓掉。但是如果你拿五萬的薪水，要取代你得花十萬以上，或是你能創造五十萬以上的營收，那你想怎麼斜槓，一切好說。

最後，眼紅心態這個比較難解。你因為斜槓，即使正常使用休假，也會被同事認為你過太爽、都在做自己的事。你必須要理解，職場上有能力的人不多，很多人因為能力不足，連休假都不敢，更不用提不加班而去兼職做其他的事情。所以你的斜槓可能會被同事認為是一種特權，你就會不受歡迎，甚至常常被黑。

所以，你能不能拿出對等的資源來讓這些人閉嘴？你因為斜槓而獲得人脈，什麼事情都可以靠你的一通電話而解決，你怎麼被說壞話，都會有人挺你。你因為斜槓而更了解產業動向與業界趨勢，讓公司可以往較正確的方向發展，大家就不會那麼在乎你是不是常相左右，就像是神明，平常未必每天參拜，但只要關鍵時刻能找到人指引方向，也就很受用了。

凡事不要只想到別人應該要支持你，而是你要怎樣才能做到別人不得不支持你，能受到自己控制的，就不要去讓別人決定你的生活與工作。

張尤金

台灣本土企業重視員工忠誠與向心力，老闆常將員工兼營副業視為離職跳槽的前兆，不利於多職人生的開展。但誠實為上策，如何做好上班之外的時間管理，避免與正職間的利益衝突，有助於取得上司的包容與認可。

張嘉玲

要真正定義斜槓青年，每個人的解釋都不太一樣。有人認為每個──／──／──只要是自己熱愛的事情都可以（或稱之偽斜槓）；但也有些人認為，斜槓的概念本身應該是一個職業的概念，衡量職業的標準就是收入，收入是市場對勞動力的認可，也就是市場願意為你的斜槓買單，否則斜槓相對前者來說，就只是愛好而已。

我個人比較認同後者。因此我反而認為，要成為一個真正的斜槓青年非常不容易。當你的主業以外的業餘身分可以被市場認可和變現，就意味著這個業餘身分一定是非常傑出的能力，而不是個普通的能力。

因此，盡自己最大努力做到有錢、好看、有本事、受歡迎。手裡的牌多一點，做選擇的主動性就高一點。要成為被市場認可的斜槓，跟擔心被老闆知道自己在忙其他個人事業的差別是，前者努力追求工作價值和自我成長，後者花一生追求只能讓自己苟活的薪水。

難題 43

待在大公司可以學習到更多？

大公司比小公司更能接觸到更多的人脈和上下遊供應商的合作經驗。唯有自己更有意識的補強目前缺的能力，才能讓自己未來的職場生涯走得更穩。

善用你還在大公司，多累積資源

在本書的第四十一道難題當中，有提到待在大公司當中的優點，是在其他小公司、或者自己出來創業者所沒有的，你如果目前還在大公司當中，就要把握機會，多多累積資源。這些資源主要包括了人脈資源和上下游供應商的合作經驗。

1. 人脈資源

大公司裡的同事，很有可能成為你的好朋友甚至是未來合作的夥伴。因為公司大，內部職員也較多，每天工作中就容易遇到很多人，如果不是位居主管職，各部門的同事間比較不會有升遷發展上的直接競爭關係，也因此比較容易結交朋友。你要把握跨部門合作的機會，或者主動參加公司舉辦的大大小小活動，藉此認識其他單位的人，因為將來倘若自行創業，勢必會遇到你本職學能以外的問題，而那些原本大公司的同事，當然是你遇到問題時可諮詢的對象，甚至是將來的合作夥伴。

2. 上下游供應商的合作經驗

除了公司內部以外，公司外部的上下游往來廠商，也是你重要的人脈資源以及學習的對象。因為只要是同一個領域，自然就會需要用到這些上下游廠商的產品或服務，而大公司因為預算多，往來的供應商以中大型為主要選擇。舉例來說，通常一家大公司的行銷部門人員，就可能會和大型的廣告公司、美術設計公司、公關公司、網路行銷公司、市調公司往來，也因為專案的金額較大，因此你可以充分運用到這些協力廠商的資源，藉此觀摩學習，看看他們是如何建立章程與工作流程。

如果是一家人數少於二十人的小公司，可能根本就沒有什麼行銷預算（甚至可能沒有行銷部門，只有業務部），也就更不可能有機會跟上述那些協力廠商合作，很多事情都要靠自己擘劃，如果你有與廠商的合作經驗，也就可以仿效他們的做法，比照辦理。如果你是自雇工作者，基於資金預算問題無法委外，許多事情都需自己策劃，這時候，你跨領域的合作經驗，就成了自己當老闆的最寶貴資源。

未來想一輩子領薪水到退休，愈來愈難

長期待在大公司的缺點，往往是因為分工太細，你只是一顆小螺絲釘，專門負責很窄、小範圍的工作內容。在大公司要擔任管理職要求比較高、也相對比較競爭；如果你不是主管級，又沒有把握機會參與跨部門專案、認識其他部門的人，那麼你很可能只會擁有「專業技術」但缺乏「管理能力」，這在未來職涯發展上，是有風險的。

在未來人工智慧和機器人的廣泛運用之後，「專業技術」是最容易被取代的，大公司精簡人力時，精簡對象也往往都是專業技術工作者，而具有專案管理能力、溝通協調能力、業務拓展能力的人被存留下來。這可以由國際上知名的大型企業縮編裁員紀錄上，可以發現到技術人員往往是被裁撤最多的單位，得到印證。因此，在你現職還算安穩的同時，儘早補強目前缺乏的能力，就算你不考慮往斜槓發展，至少也

高手的提醒

在你還任職於大公司的期間，一定要把握機會多加運用大公司的優勢與資源，對自己的未來做好充分的準備，就算你將來一直持續待在大公司而不往外發展，那麼公司也會因為你具備了更完整的能力而持續任用，為自己的升遷發展打下良好基礎。

能夠確保自己的職涯可以走得長長久久、不被淘汰。

闕又上
這樣說

其實大公司和小公司，各有不同的學習和挑戰，大公司因為人力資源充沛，職掌通常分得細，能學到的東西，有時候侷限在那個特定的範圍，所以有人在大公司卻像小螺絲釘的感覺。

而小公司，資源少，若肯學肯做，經常有機會接觸到更寬廣的學習，甚至被委以重任，如果小公司的領導者企圖心夠，又碰到趨勢，小公司也可以變成大公司，例如中國的阿里巴巴，美國的亞馬遜和臉書。大公司和小公司都有學習的機會，選擇適合自己和能夠發揮的領域，或者賞識自己，願意給機會的主管，這些因素可能比公司的規模大小更重要。

難題 44

待在大公司的收入和升遷發展比較有保障？

無論公司大小，你要想的是成為不可取代的人。

大公司並非是不可取代的

大部分人都聽過一句話，「大公司就像大樹一樣，大樹底下好乘涼」，某種程度來說，這也是沒錯的，大公司通常比較可以經歷一時的經濟震盪，不會馬上就倒，但是當真正的強烈颱風或強烈地震來臨時，大樹並不如你想像的這般堅若磐石。

舉例來說，Nokia當初也稱霸行動通訊市場多年，卻無法繼續在智慧手機浪潮下生存；當蘋果電腦推出iPod後，隨身聽產業也快速潰敗；當網路購物成為新的經濟型態，百貨零售產業業績也大受影響；當雲端應用發達，光碟產業走入夕陽產業。可見，當大環境出現典範轉移（Paradigm shift），任何大公司都有可能如恐龍般消失，因為在科技不斷創新與淘汰的過程當中，能否生存下來，已不單單侷限公司大小的問題，往往是帶動整個產業供應鏈的冰消瓦解，因此公司再大，也擋不住科技革新的浪潮。

另外，大公司為了維持成長或者因應市場競爭，往往會藉由組織調整、組織變革的方式來進行大規模的人員異動，特別是在科技業大公司，隨時做組織和部門調整，順應日新月異的市場變化，整個部門遭裁撤也不足為奇。即使連過去叱吒科技界的巨擘ＩＢＭ也經歷一場大裁員，快速換血，才能迅速從大型電腦主機市場跨進資訊服務型市場，度過市場結構改變的危機。

在二〇〇八年金融海嘯之後，許多歐系的銀行和保險公司，難敵財務壓力而策略性逐步退出亞洲市場，這股低氣壓，在過去十年當中延燒，陸續已經有多家外商銀行和保險公司撤出了台灣，將在台灣的分公司裁撤，或變賣給其他業者來接手經營。因此，即便是曾經光鮮亮麗的外商金融業，也都可能突如其來遇到總部的組織調整命令進行裁撤，往往工作猝不及防，化為烏有，造成人心惶恐不安。

你願意永遠當一個可以被取代的螺絲釘嗎？

大公司通常求穩，擁有龐大組織架構，工作職掌分工很細。通常會有大大小小不一的專案，召集跨部門人員加入，讓不同部門之間來相互領導、彼此競爭，藉以順應外在環境的發展。因此，任何一個職缺，是隨時可能被取代，或者在組織調整時消失。

特別是在製造業，除非你是核心研發人員，否則公司維運都已經上軌道，相關的SOP也都很健全，需要的是執行能力好的人。事實上，在老闆眼中，沒有人是完全不能取代的，即使你是所謂關鍵人才，也只是階段性存在，不代表你具有永遠的優勢。

另一個層面來看，隨著新經濟型態（例如，網路共享＋外包）和新科技（例如，人工智慧＋自動化＋物聯網）時代來臨，你能保證你的工作一直存在嗎？還是其實你的附加價值正在遞減中呢？

如何成為一個不可被取代的人

如果你可以進入大公司，如台積電或鴻海，固然很好，但大公司內部人才多，部門和同儕間競爭也很激烈，你要思考是否大公司內部競爭的文化適合你？升遷發展是你首要的人生目標嗎？

事實上，無論公司大小，如何成為一個不可被取代的人，重點在於高附加價值，而擁有斜槓思維的人，比較可以多元思考，做到跨界整合。

何謂斜槓思維，這邊區分了幾種類型：

1. 多角色扮演

小斜槓概念，工作性質垂直發展，例如：程式設計師／系統架構師／需求規劃師。

2. 跨組織整合

中斜槓概念，工作性質橫向發展，例如：產品規劃／客戶管理／生產管理。

3. 多方位發展

大斜槓概念，跨不同領域，成為真正的斜槓工作者，例如：程式設計師／詩人／心理諮商師；醫生／旅遊部落客／作家。

如果你一時還無法具有多方位發展（大斜槓）的能力，建議你先從多角色扮演（小斜槓）和跨組織整合（中斜槓）的角度提升自我競爭力，增加在現有工作的價值，永遠保持創新和學習的心去面對你的工作，當產業進行典範轉移（Paradigm shift）時，你就會那個是最容易適應環境變化的人。

高手的提醒

公司大小或是職位高低，並無法決定你的人生價值，能否持續保持創新和學習的心態去面對工作和生活，在職場工作型態變化如此快轉的時代，往往更為重要。追求穩定、墨守成規、循規蹈矩，反而可能是在冒更大的被取代風險，運用斜槓思維看待工作和生活，每個人都擁有無限寬廣的人生。

關於待大公司比較有保障，他們這樣說

李柏鋒

未必。

許多大公司之所以大，是因為已經相當成熟，這種成熟的環境，也許待遇比小公司好，但是卻可能比較沒有成長空間，或是沒有太多升遷的機會，因為比你更早進公司準備卡位的人很多。所以，如果你真的比較在乎收入的成長與升遷的機會，你應該要找的是小型但是快速成長的公司，但是這種公司往往也因為還不夠成熟而大起大落，可能你進去之後擔任第一個行銷人員，一年後開始變成行銷部門的主管，但是也有可能過了一年，公司就關門了。

不過，我必須要說，只想追求保障的人，其實就不太適合往斜槓的方向去走了。因為斜槓的人追求的不是在一個地方一直待下來，而是到哪裡都可以待得下來。

張尤金

「正職／兼職」常以賺錢為目標，但「斜槓／多職」志在興趣與自我實現，賺錢不是必然的結果。所以如果正職能提供生活保障、甚至升遷願景，這不正是多重職涯在起步初期最堅強的後盾嗎？

難題
45 如果成為斜槓青年之後反悔了，會不會回不去原本崗位？

如果你想要降低自己回不去的風險，有兩件事情可以事先準備：和原本主管保持良好關係、讓原本的公司需要你。

如何降低轉職的風險？

很多人希望跨出去之後，將原本的位子當做備胎，如果將來個人發展不順利時，可以再回到原本的位子上。你覺得你的主管會樂見這種狀況嗎？如果回得去，當然是很好，但是你必須考量，由於公司招募與任用一個新人需要花不少的成本與時間，讓新人完全上軌道又需要更多時間，因此，許多公司都將「離職率」愈低愈好，設定為一個部門或單位主管的ＫＰＩ（績效的關鍵衡量指標）之一。

事實上，一旦離職，你的主管該年度ＫＰＩ就因為你的異動而被扣分了！除非是在明顯成長的公司而部門人數有擴編，或是等待有其他人離職而空出職位，否則你想回去原本公司就變成可遇而不可求的窘境。以上就是多數離職員工「回不去原本崗位」的最主要原因，如果你想要降低自己回不去的風險，有兩件事情可以事先準備：和原本主管保持良好關係、讓原本的公司需要你。

如何和原本主管保持良好關係？

實際上，無論你是因為什麼原因而離開公司，請務必要以理性的方式充分的和主管溝通，獲得對方的理解以及體諒。除了理性溝通之外，如果真要用到感性的一面，那就是要試圖讓原本的主管支持你的決定、並且期待你未來的發展。

沒有一個主管會因為部屬離職而開心的（尤其在ＫＰＩ被扣分的狀況下），除非是他原本就希望你走，或者你的離開在某些方面對他而言，是有所幫助。我們先不談「主管等待你提辭呈許久了」這個狀況（針對這情形，我們只能說恭喜他，看來你可能是個絆腳石）。

若要讓你的離職對原本主管有所幫助，以下兩種做法，往往是讓原主管最開心的方式：

1. 先找好遞補人選

在你離職前，已經幫助你主管物色好遞補的人，做到「無縫接軌」才離職。例如在我離開A公司主管職之前，已經充分與更上一級的主管溝通討論，共同培養出合適的接班人選，做好充分的工作交接，然後才離職。以A公司的高層主管們眼光來看，因人員的流動而創造出升遷的機會，是好事。而且公司也沒有因離職人員的空窗期而有什麼損失，相反地，公司聘用更年輕的人來取代你，等於是幫公司節省了人事成本。在這個情形下，公司並不會認為你的離職對公司帶來損失，反而是創造機會。

2. 離職後，對原主管仍有助益

在你離開後，能夠持續對原來的主管有幫助，這需要私交，也凸顯出你經營人脈與「向上管理」技巧的嫻熟。舉例來說，當我任職B公司的非主管職位時，有充分的和原本主管溝通，表達我想要去拓展的新領域，未來在哪些情形下，可以幫助原本的主管，例如，可以提供更多業界或外界的資訊給他，或者將來是否有機會聯手合作，或者有哪些事務可以外包給他，並且幫他節省成本開支。只要能夠為原來主管創造利益與更多機會，就可以產生一種結盟，降低原本主管對你離職後的厭惡感。

如何讓原本的公司需要你？

以下區分兩種狀況，第一種是你想要保留回去原本單位的機會（也就是把你原來的位子當作是備胎），第二種是你可能回去原本公司，但是到不同的單位。這兩種不同狀況下，你需要做的事情稍有不同，但是前述「和原本主管保持良好關係」可都是共同前提條件喔。因為如果你要回去原本的公司，原公司的人資部門或者要任用你的主管，一定會去徵詢先前任職單位主管的意見，也就是「資歷查核」（Reference check）。如果主管對你評價不好、不表認同，肯定你回鍋的機率就相當微渺了。

1. 想要保留回去原本單位的機會

你必須讓原本的公司以及你的主管認為，在離開公司的這一段期間內，你的能力和經驗有所擴展，而這些擴展後的能力和經驗將有助於公司的發展。最常見的是在業務單位，因為假設你原本在A公司負責的客戶群比較小，而你離開A公司在B公司任職的期間（或者你獨立創業、自雇的期間）接觸到的客戶更多，那麼A公司往往歡迎你帶著更多的客戶回來，因為可能因此帶來更多的業績（客戶是很值錢的，比你還值錢）。就算是非業務單位，只要你能夠帶著更多的能力和經驗回來貢獻原公司，基本上會是被歡迎的。

2. 回去原本公司但是到不同的單位

通常會發生在「有相關的不同單位」，例如金融業當中往往把客戶分為「法人客戶」及「自然人客戶」，通常法人客戶需要較資深的業務人員來服務，新人往往先從服務自然人客戶做起。如果你原本在A公司負責自然人客戶，而A公司原本對法人客戶的業務發展相對較弱，亟需這方面的人才加入，在你離開A公司在外面發展的這一段期間，是讓你具有服務法人客戶的能力和經驗的，那麼你就很容易回到A公司的不同單位任職。因此，你一定要把握離開A公司之後的這段期間內，讓自己的能力範圍擴大、加深，避免做相同的事情，這樣才會提高原本公司需要你的機會，也提高了你回原公司任職的機會。

高手的提醒

牽扯到職位與職缺的「人事」問題，你要永遠記住：「人」在「事」的前面，要先搞定人，否則若缺乏內部人的支持，你把事情做得再好，也未必有機會回到原本的公司任職。

李柏鋒
這樣說

想想看，如果你跟男朋友或女朋友分手之後反悔了，還回得去嗎？不會不可能，只是機率不高。

但是有一種情況，倒是成功率會比較高的。如果你原本在A公司是基層員工，待了一陣子之後，對公司已經很熟悉了才離開，而公司內部也有不少人脈。離開之後，你可能到其他公司任職，或是展開自己的斜槓職涯。總之，你漸漸從基層員工的位階晉升到管理職，這個時候的確很有可能再回去A公司，因為你對A公司夠熟悉，A公司的人也認識你，聘用你的風險低了許多，而你必須在外面歷練了一圈之後，變得更專業了，才能給A公司一個聘用你的理由。

只是，一家公司的管理職，開缺的機會有多高呢？

12

CHAPTER

已經成為斜槓青年之後的問題

該如何為自己的產品或服務定價？如何利用設群媒體為自己行銷？都是成為斜槓青年後應該思考的問題。

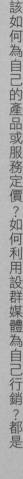

難題 46

該如何為自己的產品或服務訂出合理價格？

初期先不求短期獲利最大化，而是採取擴大客群（擴大市占率）的方式，等擁有一定知名度之後，再開始逐步調高價格，客戶會因為已經使用習慣而繼續選擇買單。

如果你毫無名聲，盡快擴大

如果你才剛跨入一個新的領域不久，知名度尚未打開，除非你背後有很強的大型財團支持，或有知名人士和你合作、甚至願意擔任你的代言人，否則初期你很難採取高價策略，甚至於，你想收到錢都不是太容易。反過來說，如果你想要拉高定價，你最好先接觸「夠分量」的公司或知名人士（至少在某個特定領域小有名氣），讓他們先對產品或服務感到滿意，願意幫你說好話，如此將有助於你縮短打開知名度的時間，「ＸＸＸ也是使用我們的產品或服務，而且用了很喜歡」有了這項肯定，當陌生拜訪時，相較容易突破客戶的心防。這也是為什麼，國外品牌剛進入一個國家時，在當地完全沒有知名度的狀況下，會願意砸重金聘請當地的知名紅人來擔任代言人，因為這是最快打響知名度的方式。

許多人會覺得自己根本不認識「夠分量」的公司或知名人士，所以不考慮這條路徑。但是事實上，在你的親朋好友當中，總是會有一些機會，去接觸到這些對象，只是你還不知道、或者沒有用心去找而已。因此，不少事業成功的過來人都會建議新人，在你已經開始個人事業時，廣泛、公開的向你周遭所有親朋好友宣告，你正全力投入這個事業，而且需要他們的幫忙。如果你都悶不吭聲，沒有人知道你在做什麼，更不會知道如何幫你啊。

先界定目標客群，才能訂出合理價格

無論是在任何一個領域，客戶的水準從低到高的差異非常大，因此所對應的定價也可能從很低到很高都有。你一定要先有一個正確的觀念：「同一個產品或服務，很難討好每個不同客戶。」因此，在行銷學當中的「4P」：定價（Price）、產品（Product）、促銷（Promotion）、通路（Place），定價列居產品之前，因為定價攸關你鎖定的目標客群，必須先明確界定出你的目標客群，才有其他相關的設定（往往是在產品發想之前，就要先確認市場真正需求是什麼）。

如果你是一人工作室，或者兩三人的小型創業，通常先鎖定中低價位的客群，比較容易打開知名度，除非你們的技術居於領先整個業界的平均水準，才能選擇以中間價位路線；至於高價位，往往必須要有很強的行銷團隊、業務團隊、以及後勤支援才行，不會是斜槓青年的首要選項，而是等到成為知名人士之後，與大型平台相互合作，輔以行銷、業務、後勤相關的支援，才會有較高定價權。

這麼聽起來，知名度不高的斜槓青年似乎只能走低價路線？這倒不是絕對，在本書的第四道難題「不確定自己的 know how 是否有獨特性或競爭力？」闡明如何自己做市場調查，了解自己的產品或服務在相關領域的競爭者之間是否具獨特性，但是即便不夠獨特性，你仍有三種因應策略：（1）差異化；（2）低成本優勢；（3）速度優勢。如果你能夠做到差異化，或者速度優勢化，是可以達到中價位定價水準的。如果你沒有這些條件，那麼初期最好還是從低價開始，先擴展使用者、甚至以免費的試用方式，讓使用過的人還想要繼續用，這樣你才能夠逐步隨著用戶總數的增加來緩步調高價格。

如果你目的要「總收入最大化」，在價格調漲過程，就算客戶有流失但幅度不大，在P×Q（價格乘以數量）獲利逐步創新高下，同時也提升高品質與高價格的形象；但如果你目的是「擴大市占率」，那麼先不急著調高價格，多花一些時間把客群人數放大，將來知名度提高之後，時機成熟時，再拉高定價也不失是一種好的策略。

先創造高價值，才能有高價格

除了上述「總收入最大化」以及「擴大市占率」兩種策略之外，還有另一個可以拉高定價的有效方法，就是「訴求高價值」。因為面對一個你不熟悉的陌生客戶，你想要收到高價位，除非你讓他們對這個產品或服務所感受到的價值很高，他們才會願意買單。

美國在過去兩世紀最偉大的富豪，約翰·戴維森·洛克菲勒（John Davison Rockefeller，一八三九年七月八日至一九三七年五月二十三日）在一封寫給他兒子信當中提到：「先談價值，最後才談價格。」如果你的產品或服務屬於少量型態（尤其在服務業很普遍，例如舉辦課程、私人教練、一對一的顧問、美髮或美容、個人美妝或穿搭顧問、個人助理或經紀人）則可以採用此一策略，也就是聚焦於你所能夠提供的價值具有高水準、確定對方已經完全接受這些訊息，最後才談價格。目前商場上許多成功人士，都有趨向先談價值的習慣，甚至有九成時間都在聊共通的興趣和話題，而價錢最後離開前才談，甚至下次再說。

高手的提醒

對於新入行業的新人來講，握有議價能力是很低的，通常是買方比較強勢，因為對於尚未建立知名度的產品或服務來說，客戶願意來使用就已經是給你的機會（甚是是恩惠）。

初期先不求短期獲利最大化，而是採取擴大客群（擴大市占率）的方式，等擁有一定知名度之後，再開始逐步調高價格，客戶會因為已經使用習慣而繼續選擇買單，這是長期獲利最大化的較佳策略。

李柏鋒
這樣說

這跟你的目標市場有關。同樣是理財課程，可以針對年收入百萬以下的小資族，也可以針對年收入千萬以上的高資產人士，定價、內容與呈現方式當然就會有很大的差距。

所以，不要以為什麼人都是你的客群。你必須先確定目標消費者，再來就可以針對適合的對象進行調查，找出一個合理的價格範圍。此外，通常市場上不太可能沒有競爭者，也可以參考他們的定價，再微調價格範圍。

找出來這個範圍之後，建議先從價格範圍的下限開始進行銷售，因為初期你的產品或服務可能品質還有待改進，而且在沒有建立口碑前，也能「薄利多銷」。接下來，就必須持續改進你的產品或服務，儘可能讓銷售快速結束，例如推出課程都能很快滿座、推出限量產品都能秒殺。如果你能做到這個程度，接下來就可以持續調漲價格了。

所以，合理價格不但是測試出來的，也是設計出來的。測試，是透過市場的反應找到你的合理價值；設計，是透過對產品的持續優化而努力提高價值，並且表現在價格上。

難題
47

要如何為自己行銷又不花大錢？需要花錢買廣告嗎？

高品質的內容／產品／服務，絕對就是最好的廣告。

社群媒體是最低成本且最快速的成名管道

拜網路及行動裝置普及之賜，目前台灣人對於網際網路、手機及平板上的通訊軟體使用率已經非常的高，像是Facebook、YouTube、Instagram或LINE等軟體，絕大多數人每天幾乎使用至少其中一種軟體。Facebook的粉絲頁、社團，以及LINE群組，堪稱是目前（截至二〇一八年上半年）最好用而且免費的社群媒體。安納金本身並不花錢在廣告上，但會善用這些平台。

如果你擅長於撰寫文章，那麼撰寫部落格透過Facebook分享、或者直接在Facebook當中寫文章分享，是最容易被大眾與以轉發的平台。同理，YouTube是適合影片形式、Instagram是照片形式，而LINE群組適合即時而簡短的資訊傳播。要將自己的產品或服務盡快推廣出去，以上四種媒介你可以同時使用，因為每個人習慣使用的平台不同，跨平台的曝光較能夠同時觸及不同群眾。

芝加哥大學主持的《勞動經濟期刊》（Journal of Labor Economics）中的一篇研究發現，幫忙找到工作的朋友，九〇%都是「弱連結」的人（指的是朋友的朋友，或者僅是彼此認識但是沒有常碰面的朋友；相對地，你的家人或死黨就是「強連結」）。在網際網路以及社群媒體普及的時代，人們對於弱連結的意見，甚至有時候看得比強連結還重要，因為他們是客觀的第三人，因此比較能夠提供中肯的建議。例如你想尋找一家好餐廳來和另一半共度浪漫晚餐，你會在網路上搜尋評鑑；而通常產生創新的點子或創意來源，往往不是來自於你的家人或死黨，而是原本不熟悉的人。

如何有效使用 Facebook 拓展知名度

安納金從二〇一六年二月底開始，在網路上撰寫免費分享的文章，到二〇一八年二月底的時候，短短兩年，粉絲數目已經超過三萬八千人，而累積文章點閱數超過七百萬人次，累計三本著作則已經熱銷近七萬冊。這是近年來崛起速度最快的一位財經部落客，這樣的卓越成績背後，安納金從來不露臉（代表不拍影片、沒有照片、沒有聲音、不開課、不和任何粉絲見面、沒有簽書會、不上任何節目），這樣要如何做到呢？

他首次透漏了以下三個快速拓展知名度的方式：

1. 高品質的內容

現在人們不是資訊不夠，而是資訊過量而時間太少，不可能同時著眼於很多不同來源的資訊而必須做取捨，因此，「搶眼球」就要憑真材實料、令人眼睛一亮的內容，讓讀者想要將你所發表的內容優先閱讀。加上鼓勵「分享」、適時舉辦贈書活動來刺激讀者分享，是增加陌生粉絲來源的最快途徑，而讀者們也很樂於轉發這些極有價值的內容與其他好友們共享。

設法讓你的粉絲「分享」你的文章，就相當於投資領域的「複利效果」，可以衍生更多你無法觸及的群眾，等於是透過這些粉絲們免費主動幫你宣傳，有事半功倍的效果，這也比花錢在 Facebook「買廣告」有效得多。

切記，內容品質是一切的基礎，如果沒有令人驚羨的內容，寧可不頻頻發表，因為粉絲反應平淡會使按讚數或分享數不如以往，Facebook 順理成章降低你的粉絲頁觸及率，再有發表新文章時，能夠接收到訊息的粉絲比率當然更低。以個人經營的粉絲頁（非企業的）來說，一天發文超過兩篇的話，其結果是觸及率都變低，這樣會逐漸淪為「殭屍粉絲頁」，也就是按讚和留言都減少，這幾乎是一個不可逆的下行之路，若你的粉絲頁每一篇貼文的平均按讚人數低於一百，基本上就不會有任何廠商想要找你合作（你已經過氣了／影響力式微）。

2. 善用 Facebook 社團

因為粉絲頁是公開的，基於人們愈來愈注重隱私，不希望自己的按讚、留言，或任何互動的過程被其他人看到（尤其是自己公司的老闆、同事、甚至家人），因此傾向於不在粉絲頁上有任何互動。Facebook 社團則多半設為不公開，人們只要確定不會造成自己不便曝光的對象在同一個社團裡面，就會比較願意在社團中按讚、留言，甚至與版主或他人互動。

由於安納金發表的內容普遍都具備高品質特性，因此在社團內很容易有大量的粉絲互動，進而可以主動和創立社團的管理者聯繫，爭取自己被設為社團「版主」的資格，只要先約定好不涉入社團管理（包括社員發表文章的審核放行、成員入社的審核、剔除社員資格等等）通常大型社團的創立者，會樂於見到實力很好的人成為他平台上的戰友，而這關係就等同於前面所提到的「群聚效應」。目前安納金同時擔任了五個中大型 Facebook 社團的管理者或版主，這五個社團合計近二十萬人的群眾對象，就是最好的粉絲互動平台（而不是只在自己的粉絲頁上）。

3. 廣結善緣

人脈就是錢脈，一定要儘可能跟任何人維持良好關係，因為多一個朋友，就少一個敵人。知名度壯大之後，就容易被其他競爭者或酸民攻擊，但儘量不要做任何回應，因為網路上知識分子居多，看到A攻擊B的話，通常「可能」對B存疑，但「一定」對A的品德觀感下降。

在網路無遠弗屆的世界裡，維持一貫的良好形象與品德，受到的尊敬遠比專業高低來得重要。要記住，在大數據（Big Data）時代裡，你所有的網路軌跡都是被儲存在雲端的，而且無法刪除，一旦稍具名氣，過去所有負面消息都會被挖出來討論。

你只要繼續留在市場內，你永遠有機會不斷證明自己的專業能力，然而一旦群眾發現到你人格上的汙點，想試圖抹去、漂白是有困難的。遇到有心人士刻意攻擊、抹黑你（通常是想要搶你客戶的競爭者），只要你的粉絲人數夠多，也一定會有比較仗義執言的鐵粉會為你打抱不平，不需要自己涉入相互攻擊的漩渦中。

「黃金圈」是最佳的與人溝通模式

TED有史以來最熱門、點閱率最高的一段影片，是由領導學專家賽門．西奈克（Simon Sinek）主講的《偉大的領袖如何鼓動行為》（How great leaders inspire action），已經有近四千萬人次點閱。該影片用一個簡單的同心圓，解釋了為什麼人們喜歡蘋果（Apple）的產品，以及偉大的領導者為什麼激勵人心。他提出了「黃金圈」（The Golden Circle）理論：「人們不會買你在做什麼，他們買你為什麼這樣做」。黃金圈的圖示請參見〔圖48-1〕。

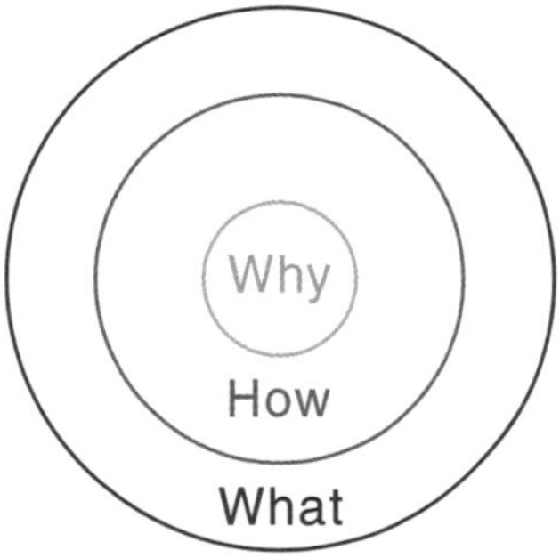

〔圖48-1〕**黃金圈（The Golden Circle）**

想要打動客戶或你想要溝通的對象，就必須先從「為什麼」（Why）開始，闡述你的理想與願景；其次才是「怎麼做」（How），也就是你透過哪些方法來實現這些理想目標；最後則是「做什麼」（What），將你具體的產品或服務、以及受人肯定的成果展現出來。唯有先從理想和願景開始，才能真正激發對方的熱情，以及相信你是真的全力以赴在自我既定的目標上努力經營著，其餘的相對次要。只要對方被你打動，基本上，價錢也不是太大問題；相反地，如果你先兜售產品，大多數人都先有防備心，之後也就很難打入他們內心。

舉個實例，這本書之所以能夠獲得多位台灣的傑出斜槓人士們支持，無償地參與貢獻出他（她）們對某些難題的經驗談與智慧結晶，關鍵就在於本書作者和出版社在接觸這些成功人士時，先以「為什麼」開始，闡述出版這本書的理念是引導台灣年輕人清楚了解未來職涯發展方向，具有承先啟後的價值貢獻，基本上，沒有一位成功人士會想拒絕這麼具有社會意義的提案。至於合作的細節，通常只占了討論過程不到二〇％的時間，這就是成功者的溝通模式。

高手的提醒

高品質的內容／產品／服務，絕對就是最好的廣告。你應該花心思在如何產生出令人眼睛為之一亮的原創內容、如何讓人用了就愛上的產品，或者滿意到會上癮的服務。這比廣告強上數十倍、百倍！

李柏鋒
這樣說

斜槓之後，請把自己當個生意人。生意人，想的不是不花錢，而是怎麼花小錢賺大錢。你當然可以不花錢買廣告，但是你為什麼不去試試看花錢買廣告的效果好不好？

現在是資料的年代，凡事都請記得，要找對數據來讓你做決策的依據。所以不要問需不需要花錢買廣告，而是先去試試看買廣告和不買廣告，差異有多少？當然，也不只有這個測試，你還要測試，Facebook的廣告能帶來比較多營收？還是Google的關鍵字廣告？一個月花一千和一個月花一萬的營收差異又是多少？你必須要自己測試出什麼是報酬率最高的條件，讓自己不斷朝會優化的方向前進。

難題 48

遇到挫折時，該如何面對與處理？

遇到挫折是認識自己最好的機會，人的成長也往往發生在逆境中。

人們的成長，往往都是發生在逆境當中

通常挫折是來自於以下兩種不同的情境：得不到自己想要的結果，以及因犯錯而耿耿於懷。前者是因為得不到而痛苦，後者是因為失去而痛苦，兩種挫折的處理方式稍有不同。

如果是因為得不到而痛苦，這就像你想要追求一個人卻追不到，這在每一個人的人生當中幾乎都曾經遭遇過，而且有些男生經歷的次數可能更多，但是這些「想得到又得不到」的痛苦，卻激勵自己想要變得更好。股神巴菲特的公司合夥人，也是影響巴菲特最深的一位摯友，查理・蒙格說：「要得到你想要的東西，最可靠的方法是讓自己配得上擁有它。」

往往人們都是身處逆境當中加速成長，讓自

已變得更好、更強；在順境當中反而容易怠惰而安於現狀，於是未來失去的風險反而持續變大。也因此，短暫得不到眼前想要的，更可激勵自我的提升，而在未來得到、甚至更好。我想許多人都有過這樣的經驗，就是在情場失意多年以後，偶然中看到當初心儀的對象，卻覺得：「他現在看起來也不怎麼樣，我現在的狀況似乎更好。好險當時沒有和他在一起！」

我想你一定有過這樣的經驗，不管是人、事、物，都是大同小異。人們在生理上，如果遇到病毒的感染，痊癒之後往往會具有抗體，因而在未來一段時間內免疫、甚至終身免疫；心理上，你也可運用類似的機制：用自己親身經歷過的這些過去經驗，來做為下一次遇到挫折時對負面情緒的抵抗力。人類的自體免疫系統只要是健康的身體就會自然運作，但是心理素質的強弱則往往是靠經驗的累積，如果你個人的經驗不足，當遇到挫折時，最好求教比較有經驗的人來給你建議。如果你不方便開口請教別人，那麼市面上已經有許多探討情緒管理、面對挫折相關的書籍，可以藉由這些專家在著作中指導的方法，強化自己的心理素質。

如何減輕失去的痛苦？

相較於得不到的痛苦，因為失去所產生的痛苦往往更深且強烈、更不易面對。Facebook營運長、《時代》雜誌最有影響力人物，雪柔·桑德伯格（Sheryl Sandberg）在二〇一七年和亞當·格蘭特（Adam Grant）合著的《擁抱B選項》，是我認為近年來寫得相當好的一本勵志書籍，尤其針對失去的痛苦，提供了許多具體而實用的方法，來迎接更美好的人生。

雪柔·桑德伯格有著眾人嚮往的A+人生，完美的履歷、令人稱羨的工作、親愛的老公與孩子。但是在二〇一五年，桑德伯格的丈夫卻在一次度假中毫無預警的意外去世，她的人生瞬時陷入不見底的痛苦。後來，藉由一些朋友以及心理學專家的協助，她找出了擁抱B選項、重新開始勇敢的活出自信。這本書包含如何從逆境復原的研究新發現，也收錄了來自各領域許多人克服逆境的故事，包括面臨病痛、失業、性侵、暴力、天災與戰爭暴行等重大失落，看他們如何重寫人生，展現人性的堅強面。當然，身為一個斜槓青年，遇到的挫折比起上述的狀況通常不會更嚴重，又果真也面臨而備感無助時，我想這本書應該會對你有所幫助。

發生在預料以外的，才是真實的人生

宏碁集團創辦人施振榮，是我在高中時代就非常欽佩的一位前輩，也被尊稱為台灣的科技創業教父，他在《台灣大未來》一書中，用自己四十年來的經驗，告訴年輕世代面對挫折與困境，應該有的態度。他說：「挫折是必然的，沒有挫折就不是人生。失敗多了，表示眼界看得多了，也是一種成長。」

安納金的好友楊士弘先生是一位成功白手起家的創業者、也是個成功的斜槓人士。他發表過一篇很令人激賞的文章，叫做《善始者實繁，克終者蓋寡》，他認為：

絕大多數人無論做人或做事，都想著有個好的開始，但很少有人能到終了，能夠做到善始善終者，少之又少。因為大多數的人都在乎馬上努力就馬上要有成果，太過於專注短期的獲利，卻忽略了長期學習的效果和經驗的累積。但是你知道嗎？經驗是無關對錯的，對也是經驗，錯也是經驗，可惜的是在鍛鍊的過程中，大多數的人因為挫折而放棄了；有人因為回報比較慢，收不到立即效果，放棄了，也因此造就了八〇％的失敗者共同問題：練習不夠深入，也不夠持續。「怕輸」文化造成保守的心態，然而制定計畫，然後勇敢的去創新、去犯錯，才是精彩的人生——發生在我們意料之外的，才是真實的人生！

李柏鋒這樣說

遇到挫折是認識自己最好的方式，因為挫折會讓你知道你的能力圈範圍，除非你只是在賭運氣，不然你事後反省，一定會知道自己的挫折是源自於什麼，而這些缺點如果你能改進，就可以逐漸擴大能力圈，久而久之，你就會愈來愈厲害。

請記得，遇到挫折是好事，而大大小小的挫折會不斷把你的能力圈撐得更大一點。

高手的提醒

全世界最成功的避險基金經理人之一，橋水（Bridge Water）創辦人雷‧達利歐（Ray Dalio）在他的知名經典著作《原則》開頭說：「在我一生中犯下了許多錯誤，花了大量時間去反思，才能總結出自己的原則。」絕大多數的成功者並不是運氣好未曾遇到挫折或失敗，而是他們從每一次的失敗當中不斷累積經驗與智慧，堆疊成為贏家的堅實基礎。

難題
49 要如何設立斜槓／多職的停損標準？

無論你選擇是哪一條路線，事先將目標、預估的時間和財務預先設定好一個基準很重要，如此將來才能夠適時的去追蹤、檢視、修正、改進，或者停損。

時間的停損

你一定懂這個基本道理：時間比金錢還要寶貴。只是人們在生活中、工作中，往往知道卻未必做到，通常是因為太年輕而自己累積的實力還不夠資格選擇工作，基本上，很難不用時間去換金錢。然而，如果你已經不再年少輕狂，就一定要擺脫這種年輕時濫用時間的壞習慣，轉而珍惜時間、善用時間、甚至投資時間（有關投資時間，會在本書的第五十道難題探討）。

無論你是處於專職在單一工作上，或者選擇走斜槓路線，都需要建立一個停損標準，才能夠減少你人生時間的虛耗。有關專職工作的停損，可以參考本書第一道難題所說的「個人能力的S型曲線」，也就是以〔圖1-1〕（參見P48）的概念來評估自己，當你發覺自己的能力和收入「長時間」停留在原本的水準上而沒有長進的話，就要警覺你的工作是不是一個能夠成長的位置，是否純粹只能靠時間換取等額金錢的職務，果真如此，或許你再繼續待個五或十年，這個職務可能會被機器人取代，或者被其他更年輕的人取代，因為對公司來說，用機器人或年輕人更便宜，而且體力更好。

至於所謂的「長時間」，要以多久當衡量標準？每個人的生活步調不同，因此可長可短，但是通常至少兩年，因為考慮收入停滯只是短期現象，若看得太短，公司的主管認為你定性不足，或者忠誠度不夠，也就不會願意將資源放在你身上來栽培你；必要停損設定應該不超過五年，因為在原地自縛了五年都沒有進展，主管往往不會給你好的考績分數，人資主管也很難將你視為重點培育的人才，而長達五年表現平庸的結果，也更不容易引起其他公司關注，而讓你被困在現有職位上原地踏步，即便自己選擇跳槽到其他公司，也未必能夠談到好的條件。

斜槓生涯的時間停損標準

既然在本業工作上有這樣的停損衡量標準，那麼走斜槓路線當然也可以參考辦理。有能力選擇走斜槓路線的人，往往是思考比較靈活、生活比較有自主性與彈性的人，因此在時間的停損設定上，應該會比專注於單一本業工作的人縮短些。然而，斜槓發展有區分為很多種不一樣的路線，其停損標準當然也就會稍有不同。

對於離開正職工作去擔任自由工作者的人，我會建議用一年作為「期中檢視」，評估自己投入自由業之後，是不是有符合自己期待、是不是需要微調？用兩年作為「期末檢視」，如果有達到自己期待的七〇％以上，那麼也就可以再多花一些時間來努力；但若兩年下來都無法達到預期的七〇％，審慎考量或許此一路線並不是你最好的發展。

倘若兩年下來，你只有達成預期目標的五〇％至七〇％，但你的熱情不減，再給自己一年的「寬限期」奮力一搏的契機，以避免停損在起漲點上。超過三年，若仍無法達到目標的五〇％，就不適合再拖延時間，因為在大多數的公司人資主管或者用人單位的主管眼中，若你超過三年以上沒有正職工作，那麼就有可能比較不會任用你，因為他們可能會擔心你不適合單一正職的工作，也有可能是你競爭力不足，而找不到其他正職工作，因此，空窗期超過三年之後，要回到一般正職工作的難度，就會提高許多。

以上是以脫離正職的自由業工作者而言，但如果你是保有正職的工作、興趣使然發展斜槓人生而增加第二種角色，那麼就有相當大的彈性，來決定要不要繼續，或者回到原本單一正職的狀態。

基本上，以「熱情」為衡量標準即可，只要確定自己追求斜槓人生的熱情還在，就可以繼續發展，因為斜槓所帶來的額外收入是次要的，重點在讓生活變得更豐富而多采多姿、讓人生價值更添加分效果，並不是純粹能夠用金錢來衡量的。因此，「熱情明顯消退」就是這一類型斜槓者的停損標準。

斜槓生涯的財務停損標準

除了時間上的停損標準之外，也可以考慮設定財務上的停損標準。一般來說，如果是保有正職工作去發展斜槓人生的狀況，收入只會增加不會減少，因為最差就是放棄斜槓發展、回歸到原本的單一正職，財務上並不會有損失。

若是因為創業而離開了原本的正職工作，那麼財務上的停損就相當重要。因為期初往往需要投入一筆資金，之後再慢慢回收、轉虧為盈；若營運不順，導致虧損擴大，就一定要嚴格執行停損，免得造成個人負債甚至破產。通常創業之前都要進行財務規劃，將「期初投入資金、預估未來每月損益狀況、回收期」都事先有個預估值，如果實際營運之後，發覺距離之前的規劃有明顯落差，無法達到六成以上的財務達成率，那就是不及格。通常創業一年後要嚴格檢視，兩年達不到標準的話，就要考慮轉型或停損，最多再加上一年的寬限期，所以三年也是一般個人創業者常見的停損界線。有時候停損並不僅僅是停止財務上的損失擴大，更多時候是避免自己陷入情緒低潮太久，而導致將來走不出來、一蹶不振。

如果離開正職工作之後並不是創業，而是擔任自由工作者，接各種外包專案或從事個人創作型的工作，並不需要投入一筆資金的話，財務上的壓力也就不會像創業者那麼大（後者有資金回收、甚至負債的壓力）。因此，只要可以滿足基本生活開銷，是可以多給自己一些時間來追求夢想、累積實力，只需留意時間的停損，避免將來想要回去找一份正職的工作而沒有雇主敢用你，就行了。

高手的提醒

無論你選擇是哪一條路線，事先將目標、預估的時間和財務預先設定好一個基準很重要，如此將來才能夠適時的去追蹤、檢視、修正、改進，或者停損。這就和投資世界的原則相同，散戶們買進股票時往往太過於理想化，之後停損若不夠實際，就會陷入愈賠愈慘、永久套牢的困境。

關於設定斜槓停損，他們這樣說

江湖人稱S姐

目標使你堅定，動力使你行動，堅持使你持續前進。

如果目標明確了，就會學會轉念。

你認為遇到挫折，我看到的都是機會與轉機。

李柏鋒

這邊，我要談的停損，不是回歸只有一份工作那種單純的樣貌，因為那對大多數人來說，都很容易理解也很熟悉。我要談的是，別讓自己累死。

職業講師圈流傳著一句話：不是餓死的，就是累死的。意思是不夠厲害、接不到課的講師，就會餓死；但是厲害的講師，課又接到吃不消，反而累死。

斜槓常常也是如此，甚至更慘一點，一開始很有可能又累又餓。當你發現這種狀況的時候，先回到一份工作的情況去休養和修行一陣子，再重新出發吧！但是如果你的情況是吃很飽但是很累，那就很值得思考一下，對你來說，到底要追求的是什麼？怎樣才夠？

難題

50

如何縮短達到財富自由所需的時間？

任何的投資都需要時間，才能夠開花結果。換上有錢人的腦袋，比有錢更重要，有錢人在「如何投資時間」的能力上遠超過平庸者，因此貧富差距才如此大。

時間比金錢重要

很高興你已經看到了這一題，因為要嘛你夠堅持，把整本書前面都看完了，所以看到這最後一題，也是本書最深奧的一題；也可能是你夠聰明，直接先挑最重要的一題來看；當然也可能純粹只是運氣好，翻到這一題。無論如何，我都認為這一題的內容攸關你工作、生活、投資，許多層面都有可能受到影響，因此我會希望你把這一頁折角，將來有機會再拿起這本書時，把這一題多看幾次。

有關財富自由的定義，可大可小，每個人觀點都不同，但是對於時間，每一分每一秒都在流逝，全世界所有人都往同一個方向走，而且流失的速度是完全一樣的快。如果你達到了財富自由，但是生命已經到了盡頭，這是很可惜的一件事情，因為你付出了努力一輩子，還來不及享受就被迫告別人間（除非你很享受付出努力的過程本身，而不是結果，那就不可惜）。因此，財富自由的目標一定要和時間有關，不然就失去重大意義。許多人的人生最後並不快樂，並非沒有賺到錢，而是擁有財富的時候，已經太晚（可能包含失去你的親人，因為生命不斷消逝，並不會等你），如果沒有你所愛的人一起共享，有錢也並不一定快樂。

有些人會把「財富自由」這四個字定義為累積到某一個財富水準，例如擁有三千萬元的現金，或者五千萬元，或者一億元，這並不是一個好的定義或目標，因為你不知道要花多久時間達到，而通膨每年在不斷地侵蝕你的資產實質購買力，未來數十年後的三千萬元有可能連一間套房都買不起。

財富自由的目標該如何定義

許多人看到「財富自由」這四個字，會把重點放在財富，而我認為有智慧的人會把重點放在自由。如果你擁有財富，卻失去自由，難道會快樂嗎？許多國內外的金融弊案，而讓原本知名的富商在監牢裡度過的例子不勝枚舉，可見有錢並無法免除牢獄之災，也不能購買自由。反過來，如果你擁有自由，但是沒有財富，會不會快樂？這就不一定，許多懂得知足的人並不需要財富，就能夠感到生活不覺得匱乏的滿足與快樂。

李笑來在《通往財富自由之路》當中，對於財富自由的定義是：「再也不用為了生活而必須出賣自己的時間。」是個不錯的定義，在這個定義當中沒有財富兩個字，卻清楚指出時間是人生更具價值的資產。

我則提供另外一個高精神層次、而且又不難做到的定義：「做自己想做的事情，卻不用擔心財務的問題。」這代表著，你想做什麼就做什麼（擁有自由），而且沒有財務上的問題，這在精神上是很容易讓人快樂的，至於為何我說不難做到？因為你並不需要非得賺到錢之後，才能夠做自己想做的事（若非得等到「賺到錢」這個前提先達成，那麼機率就會降低，而且就算達成，你開始做自己想做的事情的時間也比較晚了）。因此，如果可以透過某些方法，讓自己達到不再擔心財務上的問題，那麼，你就可以提早開始做自己想做的事情。

事實上，許多人的幸福感，是透過與他人比較而來的，例如，你有三千萬元就一定會快樂嗎？如果等累積到三千萬元的時候，你周遭的人都擁有五千萬元或一億元，你還會感覺快樂嗎？就算不跟別人比，只跟自己比，如果你原本期待自己五十歲就達到財富自由，結果延遲到六十歲、甚至七十歲才達到，你可能也會在頻頻悵然過程當中感到悶悶不樂。

因此，我認為設法讓自己可以提早開始做自己想做的事情、而且又不用擔心財務的問題，這是無論是否跟別人比較、或跟自己比較，或者不用比較，都可以感到快樂的方式。因此，我極力推薦你對財富自由採用這樣的定義方式，那麼你達成的機率也就提高了、而且也縮短了你達成的時間。

如何提早開始做自己想做的事情，又不擔心財務問題

「創造被動收入」這個方法，是我觀察了許多社會上的成功人士所普遍採行的方法，也是我和幾位財富自由的好友們所使用的方法。在《富爸爸，窮爸爸》這一系列暢銷書當中，也是提倡這樣的觀念：無論是透過經營事業來創造收入，或者透過投資來打造穩定的現金流，都是讓自己不用再花費自己的時間來換取金錢的方法。在許多人的定義當中，只要被動收入大過於每個月的生活開銷，基本上就是財務自由了。要達到這個目的，自行創

業的風險是比較高的，因為你也可能因為創業失敗而導致財務陷入困境、甚至破產。

學習妥善的投資理財，是比經營事業還要低風險，同時也是可行性較高的方式，多數人都可以朝這個方式來努力。要儘可能地把你的資產分散配置在能夠創造穩定現金流的投資標的，例如高股息股、穩定孳息的債券、外幣存款、買房收租、REITS、特別股、可轉債……等等，都是不錯的選項。MissQ是目前市場上，少數精通這些不同的孳息資產類別的專家，而且本身在三十多歲就達到財富自由，因此我極力推薦你追蹤她在臉書「MissQ退休理財園地」所發表的文章和觀點。

當然，你若以個別的單一資產類別來看它的價格漲跌，會覺得買賣時機不佳有可能會賠錢，然而，真正富有的人並不會如此庸人自擾，他們寧可選擇同時分散投資在較多的資產類別上，以「整體資產總值」來衡量，並且不太過於短視，採取每一季、甚至以每年的方式來檢視，那麼就容易達到「持續不斷的穩健增值」的結果。同時也省下了不必要的盯盤時間，而把寶貴的時間用在做自己想做的事情上——這就是前述我對財富自由的定義。

換上有錢人的腦袋，比有錢更重要

任何的投資都需要時間，才能夠開花結果。前述的各種投資標的，也都是需要隨著時間的經過才會孳息、為你產生現金流；有些人缺乏耐心，而使用借錢投資或者放大槓桿的方式試圖去壓縮時間賺取獲利，其實這是得不償失的。因為波動率愈大，對於資產的累積將產生負面影響（數學上就可以證明，波動率愈大造成的複利效果愈差）。要求穩，才會隨著時間累積而產生明顯的複利效果。

能夠壓縮時間來達到較佳財富累積效果的，是換上有錢人的腦袋，也就是學習有錢人的思維邏輯以及待人處事的習慣。這個方法在 T. Harv Eker 於二〇〇五年所著的暢銷書《有錢人想的和你不一樣》（*Secrets of the Millionaire Mind*）被大力宣揚，因為造成有錢人和窮人的差別，往往不是在於機遇、或者本金多寡，而是在於思維和習慣的差異。因此，富有的人就算你把他的財產全部拿走，也能夠重新開始，在比別人更短的時間內再創造出可觀的財富，因為他們懂得賺錢的方法和正確的思考習慣。

投資時間，比投資金錢更重要

最後，提供給你安納金在財富自由上的一個祕訣：投資時間。真正的贏家們是不會受限於單一市場、單一資產類別的，他們總是可以跨過很多種資產，甚至跨到非金融資產，例如智慧資本、人脈資本、聲譽或功德的累積，不斷地創造人生的總財富巔峰。有錢人在「如何投資時間」的能力上遠超過平庸者，因此貧富差距如此大。

我們從小到大，學習如何投資理財的機會很多，但是卻很少能夠學到如何投資時間。時間比金錢重要，因此投資時間，也比投資金錢更重要。因為金錢能夠投資的標的有限，幾乎都是「金融資產」，而且定價權不在你，如果市場一面倒的拋售，你所持有的金融資產價格自然遭牽連；時間能夠投資的標的更廣，而且不受制於市場上其他人的干擾，例如，你投資時間在陪伴小孩，累積「親情」讓孩子將來學會賺錢了以後每個月「孝敬」你、甚至陪你到老，得以善終，這就是一本萬利的投資，而且頂多投資二十幾年，卻可以享用一輩子。

將時間投資在自己的智慧資本、人脈資本，同樣都可以在將來轉化成龐大的財富收益；而聲望或功德的累積，則是金錢以外，人們終其一生最後成就感的高低所在。你不難發現台灣許多大企業家，為什麼最後都以慈善基金會的形式，大量捐款，而曾經是世界首富的比爾．蓋茲、華倫．巴菲特，甚至不打算留下任何遺產而全數捐做公益。因為金錢對富者來說是最廉價、最容易取得的；聲望和功德則是多數有錢人最後的競技場。

高手的提醒

財富自由只是人生幸福快樂的其中一種來源，面對人生，財務數字永遠只占我們人生幸福總值的一小部分而已。建議你在累積財富的同時，也投資時間在親情、智慧資本、人脈資本、聲譽或功德的累積上，這些無形資產會加速你的財富累積，同時也增加你人生的總幸福感。

TOP002

斜槓的 50 道難題

你最想知道的成為斜槓青年關鍵提問，關鍵思考與實踐方法

作　者	安納金、愛瑞克、黃常德
協作者	MissAnita 御姊愛、Mr. Market 市場先生、江湖人稱 S 姐、邱沁宜、李柏鋒、陳重銘、張尤金（Eugene Chang）、張嘉玲、黃一嘉、闕又上
責任編輯	魏珮丞
封面設計	BERT
美術設計	張簡至真
社　長	郭重興
發行人兼出版總監	曾大福
總編輯	魏珮丞
出　版	新樂園出版
發　行	遠足文化事業股份有限公司
地　址	231 新北市新店區民權路 108-2 號 9 樓
電　話	(02) 2218-1417
傳　真	(02) 2218-8057
郵撥帳號	19504465
客服信箱	service@bookrep.com.tw
官方網站	http://www.bookrep.com.tw
法律顧問	華洋國際專利商標事務所　蘇文生律師
印　製	呈靖印刷
初版 1 刷	2018 年 07 月
初版11刷	2021 年 11 月
定　價	370 元
I S B N	978-986-96030-2-7

歡迎團體訂購，另有優惠，請洽業務部（02）2218-1417 分機 1124、1135

特別聲明：

有關本書中的言論，不代表本公司／出版集團之立場與意見，文責由作者自行承擔

國家圖書館出版品預行編目（CIP）資料

斜槓的 50 道難題：你最想知道的成為斜槓青年關鍵提問，關鍵思考與實踐方法 / 安納金，愛瑞克，黃常德著．-- 初版．-- 新北市：新樂園出版：遠足文化發行，2018.07

336 面；14.8×21 公分．--（Top ;2）

ISBN 978-986-96030-2-7（平裝）

1. 自我實現 2. 生活指導

177.2　　　107009990

斜槓／Slash社團　　新樂園粉絲團

新楽園
Nutopia